Boundaries with Kids

爲孩子立界線

何時該說「可以」？

何時該說「不可以」？

幫助孩子掌管自己的生活！

亨利・克勞德博士
Dr. **Henry Cloud**

約翰・湯森德博士 **合著**
Dr. **John Townsend**

吳蘇心美 譯

耶和華是我的牧者，我必不至缺乏。

祂使我躺臥在青草地上，領我在可安歇的水邊。

祂使我的靈魂甦醒，為自己的名引導我走義路。

我雖然行過死蔭的幽谷、也不怕遭害，

因為你與我同在，你的杖、你的竿、都安慰我。

在我敵人面前，你為我擺設筵席。

你用油膏了我的頭，使我的福杯滿溢。

我一生一世必有恩惠慈愛隨著我，

我且要住在耶和華的殿中，直到永遠。

(詩篇二十三篇)

本書出版經費，乃由廖葉金姐妹的兒女，特別奉獻安息禮拜之慰奠，以紀念母親生前樂意服事的美德，謹此致謝。

目錄

譯　序
在地如同在天

自從七年半以前，將一歲半的小眞從中國大陸杭州領養到家中以後，我和外子志坦便結束了十三年半以來出雙入對、了無牽掛、寧靜祥和的情人般「夫妻生活」，進入小人跟班、牽三掛四，爭吵哭鬧皆具的「家庭生活」。

由於小眞非我們己身所出，她活潑、外向、調皮、大膽的個性，尤其與我害羞、內向、乖順、膽小的本性迥然相異。以致在養育管教她的過程中，幾乎天天衝突四起，逼得我這從小在母親身旁受教、長年在教會參與兒童、青少年教育事工、又在神學院主修教育，並實際從事教育工作的人，不得不謙卑地來到主前屈膝，求取從祂而來教養這孩子的智慧、能力和方法。

猶記得在二〇〇〇年十一月我拿到《爲孩子立界線》這本書之前的兩個月，正是小眞八歲，開始上小學三年級的時候。我對自己幾年以來需要鬧鐘一響趕緊下床來叫她起身；幫她穿衣服；弄好早餐叫她來吃；然後一直提醒她少講話；催她吃快一點；急急忙忙送她出門上學……，每天早上這一

連串像打仗般的生活型態，已感到非常地不對勁，尤其是看到她「等著」我替她做每一件事，還怪我囉唆討厭時，更是叫我怒氣沖天。

我深切地反省自己，到底問題出在哪裡？結果得到的結論是：我把她準時上學認為是我的責任，不是她的責任；她以為上學遲到是我的問題，不是她的問題——這個領悟才讓我徹底改變了過往對她的教養方式。

我要她把每天早上從起床到出門上學之前，所要做的每件事，用她最拿手的畫圖畫下來，貼在醒目的地方；每晚幫她把鬧鐘撥好，隔天要穿的衣服選好；確定她知道怎麼倒牛奶、弄麥片和麵包；告訴她我早上不會再幫她做任何一件事，因為——準時上學是她的責任，不是我的責任。原以為這要花很長一段時間，她才有辦法上軌道，沒想到在兩個月內，她已經能完全自理，甚至動作愈來愈快，十個月下來至今，她每晚自己撥鬧鐘、選衣服；每天早上六點半鬧鐘一響，自己就按掉鬧鐘起床穿衣；自理早餐，快快吃完；梳洗、打理一切之後，還有十五到二十分鐘、甚至半個小時的時間讀聖經，七點半一到就來我床前禱告。

我們一年半以前遷居到奧地利，在維也納華人教會事奉，當地的捷運系統安全、方便，小孩可以自己搭車上學，我甚至連送她上學都不必了。真沒想到「讓她為自己負責任」，竟然可以帶來這種幾乎像天堂與地獄般差別的生活！而她也因為能為自己負責任，整個人脫胎換骨似的，愈來愈有自信、愈來愈可愛。

　　就在我們訓練小眞在各方面學習「爲自己負責任」的同時，我正好在翻譯《爲孩子立界線》這本書，兩位作者在書中所講的每一句話、每一件事，每一個觀念，的的確確就是我切身的體驗，它不但幫助身爲母親的我肯定自己對小眞所定的界線是正確的，也幫助身爲教會師母的我，在輔導信徒家庭、婚姻、親子關係時，更能掌握問題所在，借用書中所舉的實例和原則，更有效地指引弟兄姊妹。

　　我非常認同作者從與孩子立界線的角度，再三強調讓孩子爲自己生活的每一個層面負起責任的觀念和做法。現今的家庭、社會、教會裡面實在充斥著太多因個人的不負責任而帶來的諸般問題，只要你是作父母、老師或任何與孩子有交接的角色人物，這本書眞的會幫助你省思自己與孩子之間的互動關係，讓你們在實際生活上有徹底的更新和調整。如果你已經是成年人，覺得自己在負責任的品格上需要更新、突破與成長，這本書也是極佳的自我教育指南。盼望這本譯作的出版，使你在閱讀並付諸實行之後，享受「在地如同在天」的生活。

吳蘇心美　謹識于
奧地利維也納

導 言
爲何要與孩子立界線

七歲的兒子瑞奇問我：「你和克勞德叔叔在寫什麼新書呢？」我（約翰·湯森德博士）告訴他：「是有關界線和小孩子的書。」

瑞奇想了一會兒，然後頗有見地說：「我喜歡『說』界線，但不喜歡『聽』界線。」

瑞奇啊，你可是跟世上的人站在同一邊的喔！大家都只喜歡自己定的界線，不喜歡聽別人定的界線。不論你是出於什麼動機來看這本書，我們都能體會你的心情，因爲瑞奇的那句話正道出了所有孩子（以及許多成人）的立場：「讓我滿意的，就是『好』，讓我不高興的，就『不好』」。

打從人類的始祖亞當和夏娃以來，人都拒絕爲自己的生活作主，也不肯承擔責任。爲人父母的任務，就是幫助孩子從內在生發外界所要求的責任感、自制力和自主性。你要跟孩子設立界線並堅守之，可並不容易，但若配合正確的要素，就會大有功效。

為何要與孩子立界線？

　　幾年前克勞德博士和我合著了《過猶不及》（台福傳播中心出版，原文"Boundaries: When to Say Yes, When to Say No to Take Control of Your Life", Zondervan, 1992年出版）這本書。其中說明了「設定界限幫助我們更能掌握人生，並且至終幫助我們更愛上帝、更愛他人」的觀念。這本書持續發燒，向許多處在不負責任、操縱他人、控制關係、情緒問題、工作衝突等等問題中掙扎的人說話。

　　自從《過猶不及》一書出版以來，無論在協談辦公室、研習會或廣播節目上，都有許多父母問我們：在養育子女方面如何運用「界線」的原則？父母所關心的，不只是把孩子養得活潑可愛，也希望他們能負責任。作父母的不只是要「亡羊補牢」的方法，也要我們提出「防患於未然」之道，幫助他們跟孩子設立界線。這本書是為他們而寫的，它應用《過猶不及》一書的原則，針對養育子女來闡述。

誰該讀這本書？

　　本書適合家中有從嬰幼兒到青少年子女的父母閱讀。然而，如果你尚未為人父母，也可以用本書去幫助你所關愛、生命受你影響的孩子，如果你的身分是：

- 祖父母
- 老師
- 教練
- 鄰居

- 托兒所的工作人員或保母
- 教會青少年的輔導員
- 甚至本身是有自我界線問題的青少年

即使你不是父母，也會希望自己成為你所影響的孩子，在他生命中那股負責任而堅守正義的力量。無論你是孩子的主要監護人，或只是在他生命中扮演次要的角色，這本書就是為了幫助你實行這些原則而設計的。

為什麼你該讀這本書？

本書所提供的原則適用於各種情況；你不需要身處危機，才能從這本書獲益。你的孩子可能在家裡、在學校、在人際關係上，都有配合他年齡的成熟表現；本書可幫你確定當孩子從一個年齡層進到另一個階段、並且步向成年時，能夠持續邁向成熟。

在為人父母上面臨問題和危機的人，這本書也會有所幫助。每個作父母的都會有教養子女的問題，而有些問題主要圍繞在負責任和自我控制這些方面。本書指出如何處理以下幾類問題：

- 衝動
- 挑戰權威
- 輕忽父母的指示
- 訴苦抱怨
- 拖延
- 無法完成工作

- 攻擊行為
- 學業問題
- 和朋友起衝突
- 性行為
- 吸毒
- 幫派

　　雖然本書提到上述問題以及許多其他的問題，但它並不是以「問題」為探討中心，乃是著重在「原則」。亦即，這本書所環繞的主要觀念，是要幫助孩子為自己的生活作主。這些觀念來自我們對聖經的研究，以及上帝要人負責任、忠心、自制的訓誨。在《過猶不及》書中「界線十律」那一章，是設計來幫助讀者為自己的生活負起責任，本書則將每一個法則擴充為一整章，應用在教養子女上。

　　本書並不是按照年齡順序，從嬰孩、幼兒、兒童，到青少年分段來寫。之所以如此，是因為我們認為與孩子立界線有其共通性，無論孩子處於哪個發展階段皆可適用，你需要以適合孩子年齡和成熟度的方法，來應用這些法則。因此每一章都包含了許多實例，說明如何將這些法則應用到各個年齡層，好讓你了解如何活用在適合自己的情況裡。

　　本書偏重裝備作父母的你如何跟孩子「應對」，而非著重在「教育」子女。學習界線與親身經驗有很大的關係，例如：為自己的行為承受後果，學習作主、處理他人的界線……，它很像聖經所描寫的成長過程：「凡管教的事當時不覺得快樂，反覺得愁苦，後來卻為那經練過的人結出平安的果

子，就是義。」（希伯來書十二11）

當你學會要求孩子負責任，他們就學到負責任的價值，這個過程要從你自己開始。

本書綱要

本書由三篇組成。第一篇，「孩子為何需要界線」——綜覽幫助孩子學習負責任的重要性。它描繪出有界線的成熟孩子看起來像什麼樣子；也描繪了有界線的父母本身，會有什麼樣的舉止及相關的事情。第二篇，「孩子需要知道的界線十律」——討論這十條界線法則。你可從中學習到，不僅要「教導」孩子界線，更要自己「成為」界線並承擔後果，來幫助孩子認識到他的生活是他自己的問題，不是你的問題。第三篇，「與孩子立界線的實踐」——以六個步驟來實踐與孩子所定明確而實際的界線，做為本書的總結。

最後，如果你覺得教導那些把負責任視為避之唯恐不及的年輕人，是個承受不起的壓力。請放心，上帝是我們的父親，這麼多年來你所經驗的痛苦，祂不但親身體會、了解，也願意引導、幫助你那顆樂意的心，因為「耶和華知道義人的道路」（詩篇一6）。當你繼續幫助年輕人在祂裡面長大成熟，別忘了在這過程當中，向祂尋求幫助、智慧和資源。

歡迎你進入《為孩子立界線》的殿堂！我們的禱告是，你能夠在此找到幫助、資訊和盼望，幫助孩子學習何時該說「可以」，何時該說「不可以」，來掌控他自己的生活！

第一篇

孩子爲何需要界線

第一章
未來就在今天

那是個很平常的日子，但發生了一件事，從此改變了我的朋友爲人父母的心態。

那天我（亨利・克勞德博士）到朋友艾麗森和她先生布魯斯家拜訪，吃完晚飯，艾麗森離開飯桌去做一些雜事，布魯斯和我繼續聊天。有一通電話進來，他起身去接，我便到艾麗森那裡看看有什麼可以幫忙的。

我聽到她在十四歲兒子卡米隆的房間。當我走進去時，看到一幅令我震驚的景象──她正高高興興地替兒子把衣服和運動器材收到一邊，又把他的床鋪好。當她開口說：「我等不及要讓你看看我們旅行的照片，那是多麼……」的時候，好像她在替兒子做這些事是很稀鬆平常的。

我問她：「你在做什麼？」

「我在整理卡米隆的房間啊！」她說：「你以爲我在做什麼？」

「你說你在做什麼？」

「我說，我在整理兒子的房間。你幹嘛那樣看著我？」

我所能做的，就是和她分享我腦海中的畫面：「我只是

替卡米隆未來的妻子感到很難過。」

艾麗森直起身來，愣了一下，然後匆匆地走出房間。我走到客廳，看到她站在那裡一動也不動。我因爲不知道要說什麼，便保持緘默。過了一會兒，她看著我說：「我從來沒有那樣想過。」

我們大部份的人都沒有這樣想過，現在作父母的從沒想過未來，我們總是在處理手邊的問題；如果能安然度過一個下午，孩子不會令我們煩到想送他們去阿拉斯加參加青少年營會，就很了不起了！但爲人父母的目標，就是要留意孩子的未來，因爲我們是在養育孩子成爲負責任的成人。

父母與子女之間的互動方式，是本著天性而來的。例如，艾麗森天生就喜歡幫助人，而她也很高興幫她的兒子。別的父母有不同的作風，有的比較放鬆，不去管那麼多，也不理會兒子的房間雜亂與否；而嚴厲的父母，則只要鋪床方式稍微不合規定，就嚴厲處罰孩子。

的確，養育孩子需要許多不同層面的介入，有時候要幫忙，有時候不必干涉，有時候則要嚴格。但眞正的問題是：你現在所做的，是有意這樣做的嗎？還是，你這樣做，是基於連你自己都沒想過的理由：可能是出於自己的個性使然；可能是因爲童年的印象；可能那時候正好有需要；或是因爲害怕而去做？

請記得，爲人父母不只是要關心現在，更要預備孩子的將來。一個人的「品格」，就是他的命運。

品格可大致決定人的一生會怎麼過。在愛情和事業上能否得心應手，取決於內在擁有的能力。在這個人人爲自己的

行為尋找各種藉口的世界，大家反而奇怪為什麼人生那麼不順利。我們大部份的問題都是出自性格上的弱點。通常，無論是否處於困境，只要擁有內在的力量，就會成功，沒有內在的力量，要不就是停滯不前，要不就是失敗。

如果在一個關係裡需要諒解和饒恕，而我們沒有那種品格能力，就無法建立關係；如果工作上遇到困難，需要耐心等候延遲的報酬，而我們卻未擁有這些特質，就會失敗。品格幾乎是一切。

「品格」這個字眼對不同的人，代表不同的意義。有些人用品格代表發揮道德的力量，或誠信正直。我們用這個字眼來描寫一個人的全部——即他是怎樣的人。品格涉及一個人的能力和無能之處、他的道德架構、人際關係，以及如何做事。他在特定的情況下做了些什麼？是怎麼做的？當他需要表現時，是如何達到要求的？他懂得愛人嗎？他能負責任嗎？他對人有同情心嗎？他能夠發揮才幹嗎？他會解決問題嗎？他能處理失敗嗎？他如何反映出上帝的形象？——這些都是界定品格的要點。

如果一個人品格的組成決定他的未來，則養育孩子最主要的，就是幫助他們培養會使其終生安全、穩固、豐富、快樂的品格。作父母的，以及參與兒童工作的每一位，都應當將下面這句話牢記在心：養育孩子最主要的目標，就是幫助他培養出會使他未來人生美好順利的品格。

艾麗森看到這個未來的真實性，才改變了她以前為人父母的態度。她喜歡幫忙卡米隆，但是在許多方面，她的幫忙不是在「幫助」他，反而讓他發展出一種模式，認為每個人

都應該幫他的忙，而這種「認爲」，影響了他在學校及教會裡的人際關係。艾麗森一直誤以爲，幫忙卡米隆清理他所製造的混亂、幫助他處理沒有完成的事，就是讓她有機會表示對兒子的愛。

艾麗森不只是個母親，也是個成熟的婦人和妻子。當她面向未來，看到卡米隆把責任留給別人去承擔時，就爲他擔心起來了。她發現，作母親的她不介意去做的事，別人卻覺得很不應該。她瞥見了品格與命運的眞實性之後，就改變了與卡米隆的互動關係。她幫助他培養責任感，讓他想到他的行爲對別人的影響，以及別人是否願意成爲他未來的一部份。

這也是我們所說「未來就在今天」的意思。你在爲人父母的時候，就是在協助創造孩子的未來。他們在早年所建立的模式（即他們的品格），將來都會活現出來。品格完全是在人際關係中形成的，不要低估你在培養孩子品格上所扮演的角色。正如箴言所說：「教養孩童，使他走當行的道，就是到老他也不偏離。」（箴言廿二6）

預防的藥方

一九九二年唐森德博士和我合著了《過猶不及》一書，談到如何爲自己的生活作主。我們在書中提到如何修補因缺乏界線而導致的性格缺失。從那以後，我們透過研習會、廣播電台、電視，向上百萬的人講到在生活中設立界線的事。許許多多人告訴我們，設立界線使他們能夠去愛人，日子也過得更好，有些人甚至是生平第一次有這種感覺。最令我們

興奮的，莫過於看到人成長、改變！

然而，我們從自己以及聽眾和讀者的經驗發現，有界線問題的成人，並非在成人時才發展出這些問題，他們在早年的生活就已經學會了這種模式，然後在利害關係更嚴重的成年生涯，繼續這種失控的模式。他們在年輕的時候就有的界線問題如下：

- 無法對那些具傷害性的人說「不」，也無法對他人傷害性的行為設限。
- 無法對自己具破壞性的衝動說「不」。
- 無法接受別人說「不」，也無法尊重別人所給的限制。
- 無法忍耐等候遲來的獎賞，也無法完成目標和任務。
- 容易受不負責任或傷害性的人引誘，然後又想要去「修理」他們。
- 替別人的生活負責任。
- 很容易受人操縱或控制。
- 在親密關係和維持與他人親近的關係上掙扎。
- 無法向親近的人坦白。
- 無法與他人當面對質並有效地解決衝突。
- 生活經驗像是受害者，而非以自主的感覺過著有目標的人生。
- 吸毒成癮，具有強迫性的行為。
- 生活混亂，缺乏貫徹力。

因此，我們開始了防患未然的想法。我們很樂意幫助那些多年來有界線問題的成人，但更想幫助孩子們避開許多成年人所經歷的修補界線缺失的過程。這個認知促使我們著手

寫作本書。我們見過許多用心良苦的父母，因為沒有任何關於「跟孩子一起立界線」的線索，只好把自己有限的界線功能傳遞下去。如果這些父母知道如何用好的界線來培育孩子，就可以避免許多痛苦。我們希望這本書能幫助你培養孩子所需要的品格，使他們能避開許多成年人掙扎的問題。

此外，作父母的也開始問我們要這本書。他們知道自己所經歷的痛苦，不希望孩子也走上同一條冤枉路。他們發現，寧可讓孩子在小的時候失去某些權利，總比到了成年才失去婚姻或失去職業來得好些。他們也發現，「界線」是使各種關係產生功效的關鍵，他們想要知道如何實踐「跟孩子一起立界線」的原則。我們將父母們想要知道的問題，分成如下三個基本層面：

- 如何教導孩子界線？
- 如何用適當的方式向孩子堅持自己的界線？
- 如何確保孩子不會有我以前有過的界線問題？

我們很樂意回答你的問題，更願意幫助你的孩子培養品格，帶領他們進入上帝創造他們時，便要他們擁有的生活。

孩子並非天生就受規範

界線是界定一個人的「所有權界線」，它限定了這個人的結束以及另一個人的開始。如果我們知道某個人的界線何在，就知道可以預期這個人能夠控制自己到什麼程度，可以要求他在情緒、行為、態度上負起什麼樣的責任。舉例來說，我們都見過夫妻彼此爭論「這件事應該怪誰？」雙方都在推卸自己該負的那一份責任。在與他人的關係裡，我們可

以界定對彼此的期望，然後要求對方為個別的那一份負起責任。當我們每個人都為自己那一份關係負起作主的責任，雙方的關係才能夠繼續下去，也才能夠達成目標。

孩子亦然。他們需要知道可以從哪裡開始，需要負什麼責任，不需要負什麼責任。如果他知道這個世界要求他為自己的人生負責，他就能夠學習活出這樣的需求，並且把日子過得很好。

然而，如果他在一個對自己該有的界線（即他該負的責任），以及他人該有的界線（即他們該負的責任）不清不楚的關係中成長，就無法培養出這種能夠使他成功地掌握人生的自制能力。他會在混亂的界線中成長，而導致相反的結果：想要控制別人，自己卻失去控制。事實上，對這種孩子的真實描寫就是：失控的小小人想要控制周遭的每個人；他們不想控制自己來順應父母的要求，而是想要父母改變要求！

你可以看到為什麼為人父母是如此艱難的工作。孩子不是天生受規範的，他們需要從外在的關係和服從紀律當中，將界線內化為己有。為了使孩子認知他們是誰，以及他們的責任是什麼，父母必須與他們立下清楚的界線，並且用方法幫助他們學習自己的界線。

如果界線很清楚，孩子就會培養出如下幾個特質：

- ♥ 對自己是誰有清楚的認知。
- ♥ 知道自己該負什麼責任。
- ♥ 有抉擇的能力。
- ♥ 了解如果自己作了很好的選擇，事情就會順利；作了拙劣的選擇，就會吃苦頭。

♥ 知道有自主能力爲基礎才可能獲得眞愛。

界線的要素是自制、負責、自主和愛心，這也是屬靈生活的基石。作父母的人，有什麼比看到孩子愛上帝又順服祂更欣慰呢？但問題是，要怎樣辦到呢？

父母的三重角色

我們可以從許多不同的角度來看爲人父母的角色，有些人把父母看作是教練、警察、朋友、上帝——這些角色多少具有某方面的眞實性。

以我們的看法，父母或監護人的角色，具有三種主要的功能：

- 監護
- 管理
- 資源

監護

監護人對孩子有法律上的責任，他的職責就是保護和守衛孩子。爲什麼父母需要保護和守衛孩子呢？

聖經說，孩子是「在師傅和管家的手下」，直等預定的適當時機來到（加拉太書四2）。孩子並未擁有保護、守衛自己生命的智慧，他們不知道是非、安危、好壞、生死，也不會想到他們的行爲會帶來什麼結果，只想到眼前可得到的酬謝是什麼。因此，當他們冒險行事，卻發現自己的有限時，就會陷入危險當中。智慧唯有從經驗而來——而這正是孩子最缺乏的一面。

監護人提供孩子安全的學習環境，讓他從中獲得智慧。給孩子太少的自由去獲取經驗，他就永遠像個孩子；但給他們太多自由，就會有傷害到自己的危險。因此，在養育孩子上，如何給予適當的自由和限制，是項極大的挑戰。父母必須保衛孩子免受危險，護庇他們免受傷害，並保守他們的生命。

具護衛功能的監護人，若以適當的界線和限制介入孩子的生活，就可以保護他們免受下列各樣的危險：

1.他們內在的危險。

2.外在世界的危險。

3.尚未準備好去使用的不當自主權。

4.絕對不恰當，甚至邪惡的行動、舉止、態度（如連續殺人或使用迷幻藥）。

5.退化的傾向，持續依賴，逃避成長。

父母監護人的角色，可以保守孩子的安全、成長和健康。他們常常需要用界線來發揮這項功能，為自由設限，然後為保護孩子而堅持這些限制。透過這個過程，孩子將這些限制內化為智慧，逐漸開始能夠照顧自己。

管理

管理人的角色就是要確定孩子把事情都完成，達到了目標，也符合要求和期望。孩子並非天生就能自律，因此他們需要「他律」，而管理人就是提供這種他律的功能，來確定孩子完成手邊的工作，並且符合對他成長極為重要的期望。

管理人透過掌握資源、教導、執行後果、指正、懲罰、

維持秩序，以及培養技巧，來提供這項訓練，並監督每日達成目標的艱難工作。

當艾麗森決定不再讓卡米隆逃避為自己負責任時，她就必須管理那個過程。正如你所預期的，卡米隆並未馬上同意這個新計畫！艾麗森必須設定一些目標、掌握資源、處理後果，直到她的兒子培養出將來與母親之外的人，和平共處所需要的紀律。簡言之，她必須監管兒子的不成熟，例如：給兒子期限去學習照管自己的所有物，並要求他做家事。她列出如果他不做事的話會有什麼後果，並且堅持她說過要強制執行的後果。卡米隆失去了很多特權，也學到了作個懶惰蟲所需要付出的代價。

界線在管理上扮演很重要的角色，設定規範並要求孩子作主（接受那是他自己的問題）和負責任（照管他所擁有的事物），可讓孩子對界線有清楚的認識。我們稍後會再談這一方面。

資源

孩子出生在一個不知資源何在的世界。他們不知道食物在哪裡，不知道如何得到護庇、如何得到需要買基本用品的錢。他們也有非物質方面的需求，但不知道如何得到這方面的滿足。他們需要愛、需要屬靈的成長、需要智慧、需要支持和知識，這些都是他們能力所不及的。

父母是給予孩子所有這些好東西的資源，也是使孩子與外在資源世界接軌的橋樑。在給予和接受資源之間，界線扮演非常重要的角色。孩子需要學習如何接受，並負責任來使

用給他們的東西，且逐漸接管這個滿足他們自己需要的角色。剛開始父母是他們的資源，但父母要逐漸讓孩子獨立，自己去得到他們所需要的東西。

作為孩子的資源，有祝福也有困難。如果父母在給予時沒有界線，孩子就會覺得受之無愧，變得自我中心、只會要求別人，以致忘恩負義的態度成為他的性格模式。如果父母把資源抓得太緊，孩子就會放棄，不想去達成那個有酬謝的目標。我們會看到「界線」如何幫助建構資源，以及如何在為人父母上扮演重要的角色。

學習負責任

當卡米隆起初被迫加入如何為整理房間負責任的學習過程時，他欠缺了幾樣東西：

◆ 他不覺得需要整理房間，是媽媽覺得有需要。
◆ 他不覺得有動力去整理房間，是媽媽具有動力。
◆ 他不打算花時間去整理房間，是媽媽有打算。
◆ 他沒有整理房間的技巧，媽媽有技巧。

因此，他怎麼學會替自己負責任呢？這些特質是經由緩慢的轉移，才從卡米隆的外在逐漸內化。起初媽媽擁有一切內在的特質，而卡米隆沒有，但是「界線」使這一切都反轉了過來。到後來，媽媽不覺得有需要或有動力，她也不再花時間或使用她的技巧，反倒卡米隆有了。界線促使孩子發動把外在事物內化的過程，而最後的分析顯示，對孩子設立界線達成以下成果：從前外在的如今變成了內在的。

在本書下面幾章，我們會談到孩子如何將並非與生俱來

的架構內化的過程。當你清楚站穩立場，對孩子設下明確而美好的界線，他們就會有更好的機會獲得動力、面對需要和學習技巧，並且計畫為上帝和為他人過個有愛心、負責任、守正義和成功的生活。這也就是我們所談有關「品格」的一切。

我們要在下一章，進一步來看孩子所需要培養的品格。

第二章

品格看起來像什麼？

艾麗森在心裡想像兒子卡米隆的婚姻時，看到「為自己負責任」是孩子應該建立的一個重要特質。於是她把注意力的焦點從處理當前的事情上，轉而從長遠來思想如何培養兒子的品格——意即，她到底在教導卡米隆成為哪一種人？

我們當然希望自己的孩子懂得負責任，卻常常不清楚該如何塑造他的品格。我們在處理孩子的事情時，有時候只想這天快快過去，或甚至過了那個小時就好！然而，作父母的如果能夠「預先看見」想要培養出什麼樣子的人，就會知道如何處理某些眼前的問題了。

你不能不知道，當你要家寧做他的家庭作業時，不只是在處理他把功課做完這件事，而是關乎他的婚姻或工作會成功或失敗的問題。這就是為什麼我們要你跟著一起簡短地遊覽「二十年後的家寧」這趟旅程。你在這一章裡面會看到，我們認為作個成人應該具有的幾個重要特質，以及「界線」在這些特質的發展上所扮演的重要角色。

有愛心

在「信、望、愛」這三大美德當中，保羅寫道：「其中最大的就是愛」（哥林多前書十三13）。大部份的父母都會說，希望孩子是個有愛心的人。

有愛心的人知道，這個世界並不是圍繞著他們轉的，他們在行事之前會考慮到他的行為對周遭的人會造成什麼結果。以心理學的用詞來說就是，他們不是「自我中心」（egocentric）的人——認為自己是最重要的，周遭人的存在，只是為了滿足他們的要求和需要。

然而，有時候最有愛心的父母到頭來卻教養出最自私的孩子。怎麼會這樣呢？我們都聽過人家這麼說：「你知道蘇珊是什麼樣的人嗎？她只想到自己！」事實上，蘇珊是來自很好的家庭，只因為她的父母沒有設下界線來要求她尊重別人的感覺。缺乏界線導致「利己主義」，影響到蘇珊不能去愛別人。在孩童時代沒有受到界線，也會導致令人討厭的衝動、吸毒成癮、不負責任等問題。

喬治垂頭喪氣地坐在我（亨利·克勞德博士）的辦公室裡，他所深愛的妻子珍妮，因為他又丟了工作而離開他。喬治很有才華，似乎成功該有的條件他都有，卻因為不負責任和無法貫徹始終，而失去了好幾個很好的工作。這些老闆都欣賞他的才華，卻討厭他的表現。也由於他的失敗，家庭經過幾番破裂之後就瓦解了！珍妮覺得受夠了。

「我是那麼愛她，」喬治跟我說：「難道她看不到嗎？」

「我相信你愛她，」我說：「但事實上，我認為她並沒有

看到你的愛。她所看到的，是你的行為對她和孩子的影響。所以她問自己：『他這樣對待我們，怎麼可能愛我們？』你不能光說愛某個人，卻沒有實質的表現，沒有『愛的果實』就不是真愛，她因為你讓她承受這一切，所以覺得你很不愛她。」

喬治如果還有機會挽回珍妮，不是靠另一個空洞的承諾，他需要培養界線來自我約束，使他成為負責任的人。珍妮只會相信他的行動，而不是靠口頭講的愛。

喬治在成長的過程中，從未被要求提供愛的果實。他的父母都很善良，而且勤奮工作，但是因為經過經濟蕭條及一輩子的辛苦工作，所以不希望喬治像他們一樣為餬口而掙扎。結果，他們放任他，很少要求他做什麼事，當他沒有去履行他們交代他的一些雜事和責任時，他們也沒有管教他，只認為寧可他有「正面的自我評價」，也不要有他們成長過程中的「罪疚感」。結果呢？喬治從未看到他的「未付諸實行」對所愛的人有什麼負面影響。

但結了婚就不一樣了，他現在是處在所愛的人對他有所要求的關係裡面，以致局面就破裂了。喬治若要作個有真愛的人，而他的愛也實際影響別人的生命，就必須成為負責任的人，這樣的愛才是真的。

此外，有愛心的人尊重別人的界線。你曾否和某個無法聽到「不」這個字眼的人相處過？你有什麼感覺？一般人典型的感覺就是：覺得受控制、被操縱、很氣憤，而不是感到受尊重和被關愛。控制人的人越過界線想要支配他人，這種

冒犯人的人不管多麼關心你，都不會讓你覺得他很愛你。

有愛心的人能夠控制自己的衝動。例如，許多酗酒的人很愛家人，他們對自己酗酒的問題很困擾，也覺得很內疚，但還是照喝不誤。這就像喬治一樣，雖然愛他的家人，卻因爲缺乏能力對酒精說「不」，結果毀了他最在乎的關係。許多其他有關「衝動」的問題，就如性行爲、過度揮霍、暴飲暴食、濫用藥物及暴力攻擊等等——到最後連愛也被毀掉了。「缺乏界線」使得這些行爲繼續下去。

負責任

另一個成熟的品格就是「負責任」。喬治的不負責任使他付出失婚、失財、混亂、不穩定，以及夢想未能實現的代價。

但是所謂負責任是指哪些事情？我們可以想到很多方面，就如：守本份、盡義務、有信用、可信賴，或至少「把事情做完」。

事實上，負責任的範圍比上述這些定義更廣。我們要用「自己作主」來思想「負責任」的意思。爲自己的生活作主，基本上就是自我管束。「作主」就是眞的掌管自己的生活，並且知道要對上帝、對別人、對自己的生命負責任。當你「作主」的時候，就知道生命中的每一個層面眞的都是你的，也只有屬於你，沒有人會爲你過日子。

聖經說：「我們眾人必要在基督台前顯露出來。」（哥林多後書五10）上帝必要按著我們在才幹、資源、關係、時

間，及行為等各方面所行的，來報應我們。負責任的人把生命看作是上帝的託付，知道唯有他自己要為怎麼過日子來負責。

在《過猶不及》那本書裡，我們寫到界線的欠缺、界線的定義，以及如何保護界線。真正負責任的人會為自己下列這些事情作主：

- 情緒
- 態度
- 行為
- 選擇
- 限制
- 才幹
- 思想
- 慾望
- 價值
- 愛情

為上述這些事作主的人，是真正負責任的人，也是那種大家都想和他交往的人。負責任的人會說：「我的情緒是我自己的問題」，或說「我的態度是我自己的問題」。

自亞當、夏娃在伊甸園墮落以來，「負起責任」就一直是人類的問題。你記得亞當是怎麼不肯為自己的選擇負責任嗎？當上帝問他做了什麼事，他責怪夏娃，說：「是你所賜的女人把果子給我吃」，言下之意不僅責怪夏娃，連上帝也一起責怪，好像上帝和夏娃都應該為他錯誤的選擇受責備！然

後夏娃責怪蛇欺哄她。自那以來人類便在這種缺乏「自己作主」的心態中掙扎。如果我們不能爲自己的生命作主，就無法控制自己。

某天我和一對婚姻出問題的夫婦協談。我問他們關於行爲方面的事。

「你爲什麼要離開他？」我問妻子。

「因爲他對我大吼大叫。」她答道。

「你爲什麼需要大聲吼叫？」我問丈夫。

「因爲她離開我。」他回答。

針對這一點我問了一個很簡單的問題：「你們認爲這種情況會持續多久？」

兩個人都告訴我，他們無法控制自己的行爲。兩人都認爲問題出在對方。由於雙方都在推卸自己行爲的責任，就很難有機會作任何改變。他們讓我想到亞當和夏娃。

你爲孩子定的目標，就是讓他越來越明白，在情緒、態度、行爲等界線上的失敗，是他的問題，不是別人的問題。會說是小妹妹「害我那樣做」的小男孩，長大以後也會說同樣的話。眞正負責任的成人明白：「是我自己那樣做的，我要負責任」。能夠說這樣的話，就有希望培養自制。

能自主

你曾經和抱著「受害者」心態的人交往過嗎？受害者認爲他們在生活中似乎無從選擇，任何發生的事、任何臨到身上的，都是他們的命。

有位婦女跟我抱怨說，同事老是在她想把事情完成的時候，就來干擾她。似乎她工作進度落後都是同事的錯。

「你為什麼要跟她說話？」我問。

「你是什麼意思？」

「她來干擾你的時候，你為什麼要跟她說話？」

「我沒有辦法啊，她就站在那裡講個不停。」

「你為什麼不乾脆告訴她你有工作要做呢？或是在門上掛個『請勿打擾』的牌子呢？」

這個女人茫然地瞪著我，因為她從未有過「你可以作選擇」和「你可以控制自己的行為」這種觀念。她認為如果某些事發生在她身上，就必須是那個樣子，她無法做什麼以改變那個情況。當我提說她有許多選擇可解決這個問題時，她仍心存質疑。我給了她五、六個建議，包括和那位女同事談這個問題、告訴主管，或要求換到另一間辦公室等等，但這些建議對她是全新的想法，她從來不知道可以在與人的關係上和生活中自由作選擇。

喬易就是這一型的受害人。他的公司強制執行一些新的政策，他覺得很難適應，而且對這樣的改變非常沮喪。

我問他：「你對這樣的情況打算怎麼辦？」

他問我：「你說『打算怎麼辦』是什麼意思？」

「我的意思是，你對被陷在這種不喜歡的情況下，打算怎麼處理？」

他只是瞪著我看，他花了好長時間才知道，其實他可以選擇投履歷表到另一家公司，而不必做他討厭的一週五十個

小時工作的犧牲品。

在好的界線裡成長的孩子知道，除了爲自己的生活負責外，只要肯爲自己的選擇負起責任，就有自由可過任何所選擇的生活。對負責任的成人而言，有無限的天空可以作選擇。

我們住在一個充滿受害者的社會。今天人們的舉止好像對生命無從選擇，每件事情都應該替他做好，如果不是這樣的話，他們自己就不能做什麼，也沒辦法改變。這種現象給你孩子的未來帶來很大的機會：如果你所培養的孩子懂得管制自己的生活，他們就會遠遠超越別人，而且一定會成功，只差沒有保證書而已！和別人相比，他們可是贏在起跑線上！

肯主動

潔莉告訴我她和大偉的關係。她喜歡他的幽默、敏銳和同情心，但對他的缺乏主動很傷腦筋。大偉答應和她去做某件新的事情，例如，一起去做運動，但每次要執行計畫時，除非她採取主動，事情就不會開始。她總覺得自己好像一直在「逼他向上」似的。

我知道大偉的老闆也有同樣的感覺。大偉到最後都可以把別人要求的事情完成，但似乎總要靠某些外力的催逼才會往前走。大家都對他這種缺乏熱誠的態度覺得很生氣。

人類行爲正常的一面是「會主動做事情」，按上帝形象所造的人被賦予主動行事的能力。通常，「能否主動做事」是

個界線的問題，大偉就是缺乏界線所提供那種「以目標為本」的行為架構。

孩子需要被人要求採取主動的態度來行事，這是個重要的界線訓練層面。記得許多年前，我和一位朋友在一起談話的時候，她十歲兒子大衛過來好幾次，抱怨說他「沒事可做」，希望母親替她想想可以玩些什麼。他母親知道他所需要的資源都在他手邊，便看著他說：「大衛，你要為自己的樂趣負責任」，過了不久，大衛就找到朋友過來家裡和他玩。

我最近碰到這位母親，談到彼此最近的生活。她跟我提到大衛在大學最後一年所做各樣有趣的事情，我心裡想，他到現在依然「為自己的樂趣負責任」。

神祕小說作家瑪格瑞特・米拉（Margaret Millar）說：「生活是我們在作其他計畫時，發生在我們身上的某些事。」但對許多人而言，生活是由他們掌控並且用心去追求的事。他們善用才幹，並加倍使用以增加生命的容量；他們為「自己的樂趣」及目標的成果負責。在許多情況下，沒有這樣做的人，多半是從來沒有人要求他當採取主動去完成任務和目標，他們要別人替他做事，或是要別人替他行為的後果擔罪。

知現實

有人說：「面對現實雖令人難過，卻是唯一的獲益之道。」現實可能讓人難以面對，卻也為生活帶來長遠的好處；要具備創造有效生活的品格，就必須對「現實」有健康

的觀念。我們所說的「面對現實」是指親身體會到自己的行爲在現實世界所帶來的後果。在後面幾章，我們會更深入地談到這個觀念，現在只是概略地看一下。

簡單來說，每個人都必須知道，他的行爲在現實世界裡眞的會帶來後果。成熟的人用這樣的觀念來爲自己過美好的人生，而可憐的人卻一再地矇騙自己沒有這回事。

從正面的角度來講，如果我專心用功讀書，就會因辛勤的工作而得到報償。最近我有時間和一位大學時代的朋友相聚，他在大二的時候把主修換成醫學院預科，我還記得他是那麼勤奮地讀有機化學、物理學，和其他相關科目。由於比別人晚了一年半，他知道有些課要快馬加鞭才行，也知道需要用功讀書才能夠進入醫學院。結果，他贏得了這場競賽。

今天，我這位朋友在一個大城市執業，是位受人敬重的心臟外科醫生，他熱愛工作，並且成爲醫學界的領袖。許多人尊敬他、羨慕他的工作，但是他們看到這位受人尊敬的心臟外科醫生時，只看到他努力的成果，並沒有看到那位認定「努力讀書就會有好結果」此一法則的大學生。

我們看到別人有大成就時，往往只看到「成就本身」，卻沒有看到成就背後的因素，以致落入「神奇」的想法，誤以爲某人之所以能夠成就大事，是因爲他有過人的能力，或知道某類密而不宣的祕訣。我們以爲它很神奇，事實卻是：那些成就都是逐日、逐步、逐件累積而來的。我們也需要教導孩子這樣的想法，當他們學會這一點，就會知道自己同樣可以成就大事，並因而能從積極而健康的一面去看待「現實」。

但是，「現實」也有另一面。例如，浪費時間和偷懶會讓我付上一事無成的代價；超速會讓我付上不能用車的代價；惡劣的行為會讓我付上必須承擔後果的代價。如果我了解這一點，就會朝向「希望得獎賞」的方向去努力，也會願意避開因表現不佳或拙劣選擇所帶來的痛苦。

我們認得一些不太看重現實的成人，他們持續作拙劣的選擇，然後呢，要不就是別人幫他避掉後果，直到真正的大難臨頭，要不就是再三地在可怕的失落中受苦。我們實在不懂他們為什麼要繼續作同樣毀滅性的選擇。

我們一再發現，這種行為的根源在於「不看重現實」。他們缺乏界線，不懂得用健康的眼光去看重現實，以致被「保釋」慣了，就以為「反正有人會去擔待後果，不用我去管」。

成熟的大人用健康的眼光重視現實，他們知道，大部份的時候只要為善，好事就會臨到，如果什麼事都不做，或做壞事，惡果就會來臨。這種對「現實」正反兩面的看重，通常被稱為「智慧」。

當然，壞事也會臨到好人身上，但即便如此，如果人們以善去回應，結果就會比較好，因為至終生活上的現實總有個道理存在。

會成長

你曾否和久未謀面的人重逢，發現他過得比以前好？道別後，你心裡對這個人所成就的一切，懷著某種溫暖的激賞之情？想想我們見過的例子：

- 某人減重了六十磅。
- 一對瀕臨離婚的夫婦復合了，而且過得很幸福。
- 某個人原本事業上遭遇困境，現在發達起來了。
- 「浪子」回頭了！
- 原本吸毒成癮或酗酒的人過著節制的生活。
- 過去幾度為感情問題而心碎的人，找到了持久的關係。

　　或者，不去看那些困境中的人與事，而是看到正常的事情愈變愈好，也會有同樣的感受。例如：

- 某人原先只經營一個小本生意，現在事業做大了。
- 某人離鄉背井時，原本舉目無親、一無所有，現在卻創造了豐富的生活。
- 某人中年改行，學會新的技能之後成功了。
- 某個害羞的人逐漸和一群朋友發展出親密的友誼。

　　當我們聽到某個人的成長，以及他如何克服困難的障礙，尤其是克服了性格上的弱點時，就會受到激勵。我們喜歡看到人改變了、成長了，喜歡看到人比以前更有成就，或更成功。就像「Regarding Henry」（中譯：意外的人生）和「The Doctor」（中譯：再生之旅）這類的電影之所以會扣人心弦，就是因為其中有人在改變和成長。

　　「有能力成長」是關乎品格的問題。好父母能夠幫助孩子培養面對障礙、邁向成長的品格。這樣的品格包括有發展的能力、懂得求取知識、能夠面對自己需要改變的負面事情。

　　這個會成長的品格也包括了：

- 能夠從低落的情緒狀態中恢復過來。

- 可以承受一段時間負面的張力、遲來的獎賞，或不愉快的感覺，直到責任完成。
- 輸得起比賽、化解得了悲傷、放得開那些要不到，或贏不了的東西。
- 犯了錯願意承認。
- 面對現實的景況時，懂得改變行為或方向。
- 肯原諒別人。
- 發生了問題能作主去處理。

　　一個人若能做到上述這些事情，就有能力在面對困難的挑戰時成長。

　　我最近為一個大機構的「人事問題」擔任顧問，有個問題人物正處在非常的困境裡面。他很有才華，但是行為和表現卻不能符合機構的期望，如果他不肯改變，就可能會失去現有的職位。他最近升遷到一個負高層責任的職位，管理跨州之間的運作。當新的運作要求他新層次的能力來處理問題和人事時，他就遇到困難了。

　　例如，他必須解決員工和母公司之間的衝突，而有時候某人是否該離職，取決於他怎麼處理衝突而定。他在處理人們的情緒狀態上很有問題，不但具有敵意，也想要從這些改變裡面馬上得到成果。

　　他不僅不肯用「需要成長」的態度來回應新的機會和要求，反而背道而馳，要求機構和老闆做改變，來證明他是「對的」。事實上，如果看上述所提那些成長的人具有的品格能力，他樣樣都缺。他製造困難的感覺，而不是去解決困

難；他無法忍受失敗，也無法放開它去計畫另一項行動方案。他不願意努力去執行那種暫時沒有結果的改變，只想要立竿見影。當面對質詢的時候他就責怪別人，被要求改變時，他繼續我行我素。

結果，他被一位才幹較低但品格更好的人取代，我很為他惋惜，因為他若有心成長，就可以做得很好。我在做他的跟進工作時，發現他自孩提時代以來即有拒絕成長的模式，他從未真的被要求去順應現實的需求，總是被容許保持原狀，而他也用自己的魅力和才幹去避開改變。

作父母的要避免孩子浪費才幹，必須要求他們做改變，而不是改變現實來配合他。「界線」讓孩子看到他們被期望的是什麼，以及他們需要如何成長來符合這些期望。

願誠實

不誠實的人處在痛苦和災難之間。身為協談員，我看到不誠實所導致的問題，可能比任何其他關係上的問題來得更令人心痛。不誠實激發背叛心理、阻擋親密關係、妨礙正常成長。人若能夠、也願意誠實，至終必能成長。

誠實始於作父母的人自己有好榜樣，並要求孩子誠實，也提供孩子說實話的安全環境。孩子們多半會在受到威脅時隱瞞實情，因此，父母需要在安全和標準的微妙平衡之間，製造環境，使孩子可以克服隱瞞真相的自然本性。

我用了幾個月的時間處理莎拉和湯姆的問題。有一天莎拉到辦公室來跟我說：「我們結束了，我就是不能相信他，

我永遠不會再相信他了！」

「怎麼回事？」我問她，心想湯姆一定又有風流韻事了，他幾年前有過一段情是莎拉至今尚未釋懷的。

「他說我們有足夠的錢來付帳單，不用擔心。然後，今天我收到好幾封通知，說我們每樣東西都拖欠，」她開始啜泣：「這種日子我再也過不下去了！」

我們繼續談，又聽到了從不忠實的配偶口中聽過的上百個相同劇本。令人難過的是，問題不是出在錢，而是湯姆對錢的問題不誠實。莎拉可以處理錢的問題，但因為湯姆不能誠實地說出他們的帳單拖欠到什麼程度，使得莎拉總是處在流沙似的危險狀態。她不斷地發現事情不是像湯姆要她相信的那樣。配偶之間所撒的謊，通常都不是大事，但隱瞞和撒謊總是會破壞信任。我經常聽到受傷的配偶哭著說：「不管那是什麼事情，只要告訴我真相，讓我知道我們在面對什麼問題就好！」

有關謊言的可悲問題是：「為什麼？」說真話是那麼容易的事，為什麼卻要撒謊？既知欺騙會比坦白認錯惹來更多的怒氣，為什麼還要撒謊？已經有一個問題了，為什麼還要製造另一個「撒謊」的問題？

通常答案在於一個人的成長背景和他品格的發展。他怕所犯的錯會在關係中造成生氣、羞恥、罪疚、責備和離棄，所以隱瞞真相，然後，當他被發現撒謊時，卻帶出原先害怕會發生的所有事情——生氣、羞恥、罪疚、責備和離棄。撒謊所導致的後果，多過犯錯導致的結果。

「界線」幫助人說出眞相。界線除了要求「眞實」，也給人安全感，知道失敗會帶來什麼結果。孩子比較能夠面對犯錯所帶來的必然結果，如：暫停參與活動、失去看電視的權利、失去逛街的機會等等，他們不太會處理關係上的後果，如：生氣、羞恥、罪疚、責備或離棄等等。孩子隱瞞躲藏比較多是因爲害怕面對關係上的後果，而較不是害怕面對行爲所導致的必然結果。

朝向卓越

「我們是祂造的，也是屬祂的。」（詩篇一○○3）每個人都必須回答一個最重要的問題——「上帝是誰？」以及「是我，還是上帝？」這個問題掌控人們生活的每個方向。

知道自己不是上帝的人，會仰望上帝來提升他們的自我存在；他們以上帝和祂的價值觀來安排的自己生活；他們知道活在世上的目的不是爲了服事自己，乃是爲了服事上帝；他們了解最大的誡命是：「要盡心、盡性、盡意愛主你的上帝。」（馬太福音廿二37）建基於上帝，使他們的存在有了方向和意義，得以超越生活、困難、自己的限制、所犯的錯，以及別人對他的得罪。人若不能超越今生的現實，觸摸到上帝的眞實，人是極爲有限的。

沒有這種超越感的人，最可悲的就是，別人和他來往時會很不愉快。因爲這種人無法看到自己不是上帝，無法看到生活不是圍繞著他在轉，以致他只想到自己、以自我爲中心在過日子，把別人看作「東西」而不是看作「人」。「超越自

己」的意思就是，能夠超越自己的存在，重視別人的存在。不這樣作的人，是希望周遭的一切和別人都來服事他，而不是他來服事別人。

有能力超越自己的人，可以越過自己的存在，進入上帝和別人的真實存在，他們視所擁有的美德比自己和及時的快樂來得更重要。他們能夠為更高的美德、價值、某個人，或他們之外重要的人，暫緩或放棄即得的酬謝。總之，由於他們認知生命比他們自己還大，就有更大的承擔力在任何特定的時刻來滿足生活的需求。謙卑使他們大過本來的自己，驕傲帶來毀滅，謙卑卻帶來真正的榮耀！

適當的次序

為人父母者看到要為孩子塑造這麼多的品格，可能會覺得承擔不起。的確，處理當前的狀況或一切順其自然是容易得多，但是，塑造孩子品格的需要是更重大、更崇高。就如我們前面所說的，孩子的品格決定他的一生。

柯維（Stephen Covey）在他的暢銷書《與成功有約》（The Seven Habits of Highly Effective People）說：「你腦海裡要先從結果開始」──這是把事情做得很好的人所具有的特點，也是好父母的特色。當我們了解作父母的人最重要的任務就是培養孩子美好的品格時，也就是接近那個目標了。

然而，要培養孩子有美好的品格，我們自己必須是個有好品格的人；要培養孩子「界線」，我們自己也要有界線。這就是下一章所要談論的主題。

第三章
孩子需要有界線的父母

我（約翰·湯森德博士）第一次聽到「問題兒童」這幾個字，是在小學的時候，無意中聽到兩位老師在談論我們班上同學韋恩：「韋恩到我班上之前，我就聽說他是個問題兒童。」

由於我認識韋恩，所以這些話對我是有特別意義的。我雖然喜歡韋恩，但他似乎總是無法控制自己。他很有破壞性、自以爲是、愛干擾別人、對老師很沒有禮貌，我對他怎麼會這樣沒有想太多，直到有個禮拜六到他家玩才知道。

韋恩的父母很和氣，但是對兒子很放任。例如：我們在客廳裡跳上跳下打籃球，搞得很大聲，過了好久都沒有人來說半句話，後來他媽媽進來，帶著請求的笑容說：「韋恩，寶貝，我不想打斷你們的興致，不過到別的地方去玩是不是好一點？」

韋恩傲慢地看了他媽媽一眼，繼續玩他的。

過了一會兒，他爸爸進來，很生氣地罵我們：「喂，小鬼，我要講幾次你們才會停下來？」

　　所以我們離開客廳，繼續拍著球跑上韋恩的臥房，我們在那裡搞得樓下的人更抓狂了，因為韋恩在房裡跑來跑去。

　　「問題兒童」不會憑空出現的。每個問題兒童一般都是從有問題的生活環境出來的。受健康約束的孩子，不會無中生有地出問題。雖然人天生就自然會抗拒約束，但父母還是可以幫助孩子培養界線，或是不去幫助他們。任何時候你開始看到界線起了衝突，就會看到問題的來源。以賽亞書五十一章1節說：「你們要追想被鑿而出的磐石，被挖而出的巖穴。」

　　身為基督徒又是心理學家，我們常常會聽到兩種說詞。宗教界的看法有時候把問題歸咎於孩子，認為都是人罪惡的本性使然。心理學界的看法有時候把問題怪到父母頭上，認為孩子失控的行為都與「他小時候父母是怎麼教的」有關，而且在每個個案裡頭，都可明顯看出有個好人也有個壞人。

　　其實，這兩種看法都不十分正確，而且事實比這兩種看法還要糟糕。今天我們成為什麼樣的人，基本上是兩股力量——「我們的環境」及「我們對環境的反應」，所產生的結果。父母與我們之間這種重要的關係，以及生活的環境，強而有力地塑造我們的人格和處世態度。但我們或被動或主動地回應這種重要關係和生活環境，也同樣影響到我們成為什麼樣的人。

　　可能你有個很難規範的孩子，或者你只是想要幫孩子成為負責任、守信用的人。無論如何，這一章都不是要讓你覺得愧疚，乃是要定出首要因素，幫助孩子從有界線的父母身

上學習界線。

孩子反應出你如何為人父母

我們並不是要忽視「韋恩有問題」這個事實，也不是要忽略「韋恩需要處理這些問題」這件事。但這裡有另外一個原則在運作：你需要把孩子的行為解釋為對你行為的反應。因為我們通常看一個人的行為，是根據「他的」，而不是根據「我們的」動機、需要、個性和環境來看，所以需要把焦點轉移。

拿韋恩作例子。我這個朋友既不尊重父母、不回應權威，也不受控制。別人可能試圖從許多方面來了解韋恩的行為，認為他是個衝動、以自我為中心，或是不成熟的人。這些看法可能都對，但都沒有說到他的父母。其實韋恩是以他父母的有關作風來做回應，以父母所能容忍的最高限度來行事。他知道媽媽無能也害怕衝突，所以吃定了媽媽的弱點，為所欲為；他知道爸爸會大吼大叫，所以他做他想做的，直到爸爸大發脾氣為止。他也知道即使是到那個關頭，還是可以從爸爸專有的敕令下開溜，到別的地方去繼續他的不端行為，因為他爸爸多半不會追究結果，寧可回去看他的報紙，認為已經「收拾」過孩子。

一般而言，孩子不知道他們在做什麼，他們並不知道如何過「對」的日子，這就是為什麼上帝給他們父母來愛他們、給予他們規定，並引導他們邁向成熟。因此，就像需要訓練寵物聽話一樣，孩子也需要外來的幫助。基本上，孩子

只能成熟到父母給他定的程度，不會超過。父母在「自己能負責任」，以及「教導孩子負責任」上的限制，影響到孩子如何學習負責任。孩子本身無法讓自己成長，他們只會回應和順應父母的教導。

孩子對世界運作的方式最早也最基本的心理畫面，是從家裡學來的。家庭是他們形成真實、愛心、負責、選擇，和自主觀念的地方。因此你以反映上帝法則的方法來和孩子建立關係，他就會成功地過渡到外在的世界；但你若保護孩子讓他免受不負責任之苦，就是使他的成年生涯設下許多的掙扎。

在面對孩子的問題時，父母最需要捫心自問的，不是：「他為什麼常常打弟弟？」而是「在製造這個問題上，我的那一份是什麼？」這樣問可能會讓你很痛苦，因為它要求你看自己眼中的樑木，而不是看孩子眼中的刺（參考馬太福音七15）。

然而從這種角度著手的好處在於，使你從想要控制孩子的徒勞無功中出來，進入你可以在孩子面前掌控立場的可能性。

要作個培養孩子有規範而自己也受規範的父母，必須接受一個事實，就是：光這本書是不夠的，還需要加上自己的努力，找出你規範自己的弱點，取得資訊和他人的協助。

如果你還沒有讀過《過猶不及》那本書，建議你連同習作本買一套來讀。錄影教材也適用於小組研習（註：習作本和錄影帶並無中文翻譯）。你可以在生活中學習從上帝和其他

人的成長中，如何修補及培養界線。

三個影響管道

有三個方法可以影響孩子培養界線——

教導

你既能教導孩子綁鞋帶、騎腳踏車、清理房間的技巧；可以送他們上學校去學習無數的事情和技術；同樣也可以教導他們有能力去聽規範、以及有能力適時地說出「不」的界線。

界線的觀念和原則既明確又清楚，不是模糊、神祕的想法，乃是建基在現實、上帝的法則，以及日常生活上。因此，你可以直接教導界線，孩子也可以學會界線。你可以幫助孩子用話語說出感受，並把你的教導應用到新的情境上，等他們逐漸長大，再一步步將這些教導加以澄清和修正。

例如，不要害怕跟孩子用到「界線」這字眼，這是個很有用的字。當女兒旁若無人地尖叫表示生你的氣，怎麼樣也不肯停，你就等她安靜下來，然後說：「吉兒，我們家有條界線，就是不准尖叫。你可以生氣，可以來告訴我你在生什麼氣，但是尖叫讓人討厭。如果你不能遵守『不尖叫』這個界線，後果就是那天放學以後不准玩。」

除了實際的應用之外，你可以再進一步教導孩子界線的原則，年幼的孩子可以學習下面這句話：「你要爲自己的行爲負責」——意思是，他們必須接受像清理房間、得到好成

續、合宜的餐桌禮儀，以及控制脾氣等事情，不可以把沒有做好的事怪到別人身上。像這樣的界線觀念很快就可以成爲家庭日常生活的一部份，孩子也會看到在其他方面的應用。有個四歲小男孩跟他妹妹說：「不要拿那個玩具，那是我的『界線』」。聖經申命記六章6至7節告訴我們，要「按著孩子的年齡程度，教導他們這些觀念」。

下面這裡列了一些概括性的指導原則，可以幫助你了解如何將不同的界線應用在不同年齡層的孩子身上。

出生到十二個月。在嬰孩第一年的生命階段，是與父母親相聯繫、建立基本信任的階段，因此這個年齡的界線應當是很少的。嬰兒沒有足夠的愛心或內在的架構來忍受許多挫折，在這個學習階段，母親需要保護、養育，並滿足嬰兒舒服和被愛的需要。

一到三歲。在這個年齡層的孩子能夠學習對「不」這個字作回應，也能夠了解他們不聽話會有什麼後果。這可以應用到危險的景況、亂發脾氣、暴力行爲等等。他們可能無法了解你所持的理由，但可以逐漸了解：聽從你的「不可以」，會帶來好結果；忽視你的「不可以」會帶來不愉快的後果。

三到五歲。在這個階段，孩子可以更了解爲什麼要負責任，及不負責任會有什麼後果，也可以和他們一起談論，學習如何善待朋友、回應權威、有禮貌地表達不同的意見、做家事等等——都是這個階段可以定的界線；至於像「暫停」、「沒收玩具」、「不准看電視」或「不可以參與有趣的活動」等等，在這個階段都是很有效的「後果」。

六到十一歲。這個階段牽涉到更多要努力的事情，除了家庭之外逐漸投注更多時間到外面的世界，如學校、活動、教會、朋友等。界線的問題將圍繞著：待在家裡和去找同學玩，兩者時間上的平衡，還有家庭作業、學校的課業、目標的決定、時間和金錢的預算等事務。可以採用的後果包括：約束他與朋友的關係、自由活動的時間，以及在家裡所享有的權利。

十二到十八歲。青少年時期是進入成年的最後階段，牽涉到的事務包括：對自我的認同有別於父母對他的認同、職業的傾向、性的成熟、對愛情的選擇，以及價值觀等等。這也是你應當開始「不以父母自居」的階段——從「控制」轉爲「感化」孩子。孩子到了青少年階段，你要在人際關係、價值觀、時間安排、長程目標等這些問題上幫助他們，盡可能讓他們知道這些事自然而然的後果是什麼（例如，會沒有零用錢，或是失去學校獎學金的支持）。

在這個階段要記住一件事：行爲像三歲小孩的青少年，得不到成熟的青少年所能擁有的自由。要能得到自由，在於他能否把該負的責任處理得很好。「自由」不是隨著年齡的增加而自動傳下來的禮物。

榜樣

榜樣有別於教導。孩子觀察你的言行，並從你如何在自己的世界運作「界線」來學習。他們觀察你如何對待他們、對待配偶，和對待你的工作，然後不管好壞、照單全收地模

仿你，因爲他們不但景仰那些更大、更有能力的個人，也想要像他們一樣。當他們套上爸爸的拖鞋，或是擦上媽媽的口紅，玩起扮大人的遊戲時，就是想要看看自己像不像大人。在這一點上，他們「領悟」你的界線，勝於「受教」於你的界線。

榜樣不只是在你「扮演父母角色」時才需要表現出來，它乃是隨時存在的，它出現在你被孩子看到或聽到的任何時刻。很多時候，作母親的發現孩子在做她做過的事，而不是在做她所教過「對」的事情，因而感到驚慌。她雖然會對孩子所做的事大驚小怪，但自己心裡也有數 —— 在這個遊戲裡面，通常孩子比她還早看穿，所行出來的才是母親（或父親）所持的信念。

在這一點上，一般行爲的家規是很好的說明。許多有關權利和責任的規定，如上床時間、看電視的時間等類，孩子和大人不需要一樣，但是有些規矩應該適用於家裡所有的成員，例如：「別人講話時不許插嘴」這一類。許多作父母的人總覺得他們需要講的話，比孩子凌亂地講述學校發生的事來得重要。

然而，如果家裡面的每個人，都可以用共同的規矩來面對，孩子就會看到尊重他人的榜樣。當小傑說：「媽咪，你在插嘴！」而作媽媽的也沒有護著自己，誠心地回應說：「兒子，對不起，你說的對！」這時，孩子就學習到對大人所定的家規和事情，要帶著尊重、自主、道歉，以及回應的態度。

這些不只是身為成人美好、健康，和成熟的表現，也是真實生活的典範，孩子都非常渴望找到一些可以長久依循的標準。那就是為什麼如果作媽媽的辯說：「小傑，你不了解，因為那是非常、非常重要的話，所以我非這麼說不可。」小傑則很有可能在遇到別人質問他時，對自己的行為加以辯護和自圓其說。孩子主要的需要是歸屬感，勝於需要作個乖孩子，若是順從家規可以幫助他有歸屬感，就要他順從；如果反抗家規會讓他更留心家裡的規矩和更有歸屬感，那就讓他反抗也沒有關係，關鍵在於你的榜樣。

幫助孩子將界線化為己有

「內化」某些事就是使它成為你的一部份。它不只是學習一件事情，也有別於看到一個事件真的發生，而是使那個事實成為實際的經驗。我們可以從「理性和經驗」這兩種方法來「知道」某些事。例如你可以記住「愛情」的定義，在理智上「知道」是一回事，但是「談戀愛」就是另一回事了，它乃是一個「經驗性」的認知。

這種不同可能令你沮喪，但你如果接受這個事實，在為人父母上就會成功。如果你的界線訓練只是「話語」的組成，就是在浪費力氣；但你如果對孩子「行出」界線，他就會把這些經驗化為己有、記住它們、消化它們，使之成為如何看待現實的一部份。

我的妻子芭比和我最近開始和七歲的兒子瑞奇，以及五歲的兒子班尼討論有關用錢方面的責任。我們每個禮拜按著

他們所做的一些家務事，給他們少數的零用錢。他們把部份的收入拿去奉獻，部份存起來，部分拿去花用。當這個過程開始的時候，兩個男孩認為錢是從樹上長出來的，他們喜歡錢，但是沒有管錢的責任感。對他們而言，有錢是很棒的事，他們總是希望有更多的錢。芭比和我教過他們好幾次，要他們把錢存下來去買真正想要的東西，不要一下子就花光，但是他們把這些話當耳邊風，左耳進右耳出。這不是他們的錯，他們只是沒有經驗過想要買某件東西時，發現自己已經破產。

有一天，兩個男孩把所有可花的錢，用來買他們想要的玩具，兩天後，他們看到長久以來就很想要的漫畫書在廉價出售，就回家翻錢袋找錢，可惜小錢囊並沒有在一夜之間填滿。於是他們來找爸媽求援，我們說：「不贈送也不貸款，只能按平常每週的比例賺取零用錢。」他們問說可不可以做額外的家事，我們說不可以。

於是他們就哭了，我們同情他們失去了撿特價品的機會，但是他們的錢袋仍是空的。幾個小時之後，班尼說：「我要等很久、很久、很久才會有下次機會」。他的確等了很久，他們都等了很久。下一個發零用錢的日子，他們把錢儲存起來，談論需要存多少錢，以及可以花多少錢。他們開始內化了這個事實──即，如果現在就花錢，以後就會沒有錢可以用。

不是幾番訓誡和嘮叨就能達到這種結果。父母有界線的經驗，才能培養孩子的界線，就好像一棵橡樹，孩子碰撞了

幾次以後，發現這棵樹比他／她強壯，下次就會繞道而行。

教導界線的障礙

俗話說：「進廚房就不要怕熱。」爲人父母所要受的熱氣，有一部份來自需要寬容及忍受孩子對你給他界線的怨恨。在這裡你和孩子各有不同的工作：孩子的工作就是測試你的決心，最後學會了「現實」的功課；你的工作就是要經得起考驗，包括忍受他的怒氣、鬧彆扭、發脾氣，以及其他種種。在聖經裡面記載爲人父母最失敗的例子，就是大衛王和他兒子亞多尼雅之間的事。雖然大衛王是位很偉大的領袖，但他忽略了在養育孩子的事上設定界線。列王記上一章6節說：「他父親素來沒有使他憂悶說：『你做什麼呢？』」在希伯來文「使他憂悶」這個字是「使他不快，或使他生氣」。亞多尼雅長大以後，成爲一個以自我爲中心、不守信用、且企圖篡奪王位的人（參列王紀上一至二章）。

教導界線是件困難的事！大部份的父母都在「持守界線」和「訓練孩子培養界線」之間來回掙扎。下面是一些你需要留意的障礙。

依賴孩子

十三歲的比佛莉向她媽媽莎曼莎哭訴：「爲什麼我不能和麥德琳過夜？」莎曼莎躊躇地說：「甜心，要記得你這個禮拜已經出去過兩夜，明天還要上學，你還會看到她的啊！」

「你就是不要我有朋友！我從來沒有得到過任何想要的東

西！從來沒有！從來沒有！」比佛莉跺著腳大嚷，衝出廚房上樓到她的房間。

那時候莎曼莎又開始了她和女兒之間共舞了多年的老舞步。莎曼莎既希望也需要比佛莉快樂、跟媽媽親近，因為她們之間的關係是她支持的重心，要忍受女兒與她保持距離是太痛苦的事。因此，她站在緊閉的臥房門外說：「也許我太嚴厲了一點，我知道你這個禮拜很不好過，我想，多一個晚上出去過夜也沒什麼大礙吧！」

臥室的門立刻大開，比佛莉抱著莎曼莎大叫：「媽，你是世界上最棒的母親！」莎曼莎又再一次重建與女兒的關係，卻不知道她是在加重比佛莉成長的困難。

對年幼的孩子而言，你對他的「愛」是他最大的成長要素。身為孩子最大的資源，你提供他賴以維生的親密、摯愛和養育。然而這種親密關係卻會混亂父母對孩子的需要，造成你對孩子所謂的「依賴」，也顛倒了應有的親子關係。

大部份的人都強烈地渴望有個「家」，我們想要有一個歸屬的地方，在那裡受人歡迎、被人了解。上帝造你的時候就給了你那樣的渴望和需要。事實上，祂「叫孤獨的有家」（詩篇六八6），我們長大以後，都會想要找尋配偶，建立一個窩巢，這是很好也是必須的過程，因為「家」滿足我們許多方面的需要。

然而，當父母需要拿孩子的親近和感情來滿足自己得不到的滿足和需求時，問題就產生了。孩子不知不覺地習慣帶給父母溫暖、聯繫和關愛時，會使他太早在生活中擔起父母

的角色。例如，我有一個出生在大家庭的個案，有一次問他母親為什麼生這麼多孩子，她回答說：「因為我絕對不要再像孩提時代那樣孤單。」

孩子會很高興和媽媽或爸爸一起扮演父母的角色，不是由於他想要，而是隨著關係使他被推上那個位置。如果鎮定、撫慰、照顧父親情感上的需要，能使他們彼此相聯繫，孩子就會承擔那個角色。

這種情況不僅導致孩子將來生活上的問題——例如，成為看護人、變得消沉、愛強制別人等，父母對孩子的依賴也會導致妥協，以致不能對孩子設下適當的限制。當你需要某人的愛時，就會很難當面質問他或不准他得到想要的東西，因為你怕他退縮、生氣，或罪疚感，又怕冒上失去這種愛的危險。結果呢？孩子不僅得不到適當的管教，還學會了「把愛收走，就可以得到想要的」這種功課。雙方都沒有留意到，孩子是用情感在威脅父母，而父母為了怕切斷關係的交流，也盡量在維持他們之間每件事情的愉快。

請你問自己一個嚴峻但誠實的問題：我是否害怕一旦跟孩子說「不」，就會失去我需要從他那裡得到的愛？如果你回答「是」，請開始從別的地方去取得你對關係的需求。這種關係是好的，也是上帝所賜的，因為在創世記二章18節，上帝說：「那人獨居不好。」然而，孩子在成長路上已有夠多艱難的擔子要背了，不要再把你的擔子加到他們身上，你要找朋友、教會，和支援小組來滿足你歸屬感的需要。

太過認同孩子

崔伊和妻子凱薩琳都很興奮，他們已經好長一陣子沒有真的好好來個「沒有三歲蓋文」的約會了！他們計畫出去吃晚餐和聽音樂會。當保母來敲門的時候，蓋文害羞地和她打招呼，但他看見爸媽穿上外套，就開始嚎啕大哭，而且抱著媽咪的大腿不放。「走吧！凱薩琳，」崔伊拉著她的手臂，說：「他會沒事的。」但他的妻子覺得癱軟無力，當她看到孩子眼淚汪汪時，深深感受到蓋文現在一定覺得被人拋棄，孤孤單單一人。她感覺得到他的痛苦和煩惱，看到他是多麼的幼小。她知道自己必須作個選擇，所以她懇求崔伊說：「親愛的，我們能另外找個時間嗎？」「他會太難過又害怕。」他先生嘆口氣，把外套脫掉，約會之夜又一次泡湯了。

通常，父母無法延緩滿足孩子所需，是因為他們過度認同孩子的感覺。作父母的是需要體貼孩子的痛苦、害怕和孤單感，因為這樣作，孩子的內心才會滿足，才會覺得被人認同、被人了解，也才學得會如何處理情緒和表達情感。然而，有些父母把自己痛苦的感覺和孩子的感覺相混，認為孩子比他真正的情形還糟，他們把自己的問題投射在孩子身上，以為幼兒的不愉快似乎是母親所帶給他的創傷；青少年的焦慮似乎是父親的驚慌所引起。

其實，這往往是父母自己的問題尚未解決所帶出來的症狀。例如，凱薩琳曾經在情感上受到自己父母的遺棄，當她不夠完美的時候，他們就撤回對她的愛，和她保持距離，並且好長一段時間不跟她說話。凱薩琳長大結婚以後，任何時

候只要崔伊回家晚了，或是出差去了，她就很不安，也沒有安全感，覺得沒有人保護她，自己孤單一人。她想要排除這些意念，但這些感覺一直揮之不去，孩提時代的被棄感，常常在她婚姻生活裡浮現出來。

當蓋文抗議凱薩琳的離去時，她在蓋文身上「讀到」自己的感覺。他的哭號刺痛她的心，一路砍進她自己的破碎裡面。然而，不同的是，蓋文從未被遺棄過，凱薩琳的用心和持續的關愛，使她兒子成爲非常受寵的孩子，他的眼淚不是出自不被愛的傷痛，而是正常的三歲小孩，需要學會處理媽媽不在身邊時的傷心而已。如果你發現自己無法承受孩子的痛苦，可能是在將自己的痛苦投射到他身上。你要回想一下過往那些可能尚未得到醫治的問題，找一位有智慧的協談人員來檢視這些問題。你需要這樣作，你的孩子也需要一個能夠區分「傷心」和「傷害」的父母。

認為「愛」和「相異」是對敵

當十二歲的朗尼帶一張全是低分的成績單回家時，蘇西告訴凱斯說：「這是朗尼需要承擔後果的時候了！朗尼智商很高，但是老師說他在班上混得很凶。你和我需要和他談談不准再打電話、晚上不可以出去、不可以看電視，或任何可以彌補這件事的方法！」

「親愛的！我知道成績是個問題，」凱斯回話說：「但是朗尼需要知道我們愛他，如果我們像你講的那樣敲下鐵鎚，他就會認爲我們不關心他，我們可能就會把他輸給幫派去

了。我們只需要和他坐下來講講理，我保證他會回頭的！」

你可以想像得到，過了很久朗尼仍未「回頭」——直到他四年以後從職業學校輟學去當兵爲止。軍隊的紀律的確幫助朗尼成長，但他已經喪失了許多時間和機會！凱斯犯了一個普遍的錯誤，就是認爲「給兒子紀律」、「與兒子看法不同」，以及「失去愛」是同一回事，他不想做任何事來危害他和兒子之間的情誼。

許多父母都誤解了，他們害怕和孩子之間意見不合、當面質問，或甚至只是不一樣，就等於「破壞親子關係」，所以他們繼續睜一隻眼閉一隻眼，什麼評語也不敢在孩子面前說，直到事情眞得弄糟了才恍然大悟。實際的情形是，「愛」和「相異」是可以並行的，不是威脅。事實上，你能夠與某人相異的廣度，就是你能眞正愛他／她的廣度。

如果你從未和所愛的人有過不同的意見，你們之間一定很有問題。有些人很怕在別人面前表現眞正的自己，聖經說：「愛既完全就把懼怕除去。」（約翰一書四18）你如果不能接納與你意見相左的人，就不是眞正愛他。但這不是說，愛就是要失去你自己，而是使你更有自由、更有能力來作自己。

凱斯對朗尼所能作最有愛心的事，就是和朗尼坐下來，清楚地向他說明他所作的選擇會令他付上多少代價，讓他可以開始邁向成熟。凱斯應該讓兒子看到，他們是想法相異的兩個人，他不同意兒子這樣虛擲人生，但同時也讓朗尼看到，他是這樣地關心兒子，希望朗尼得到最好的一切。

當你繼續對孩子設立界線，他們就會真的感覺到更有安全感、更加被愛，而不是更少。他們知道你尊重他在某種範圍內自己選擇道路，也知道你會指導他並和他一起培養這種自主能力。

若你在告訴孩子實話時，覺得愛心不見了；在親近孩子時候，覺得說个出實話來，你就要開始努力學習對上帝和對生命中有關係的人，作個忠信、誠實的人。這樣的話，雖然好人會更加親近你和更愛你，那些不好的人很有可能就會走開不聽你的，但要記得，在上帝的屬性裡面，「愛」和「真理」是朋友，「公義（真實）和平安（愛心）彼此相親」（詩篇八五10）。

忽視和爆發

凱若自認「耐心」是她的美德之一，她能夠平息別人的問題，懂得從大處著眼，耐心地等候改變和結果。然而，這個美德經常在她教養五歲大的女兒黛絲上受到考驗。黛絲天生就是個性很強的女孩，在商店裡，她會大聲地重覆要求買玩具和冰淇淋，凱若認為不要去理會她的行為，她就會自動停止。但事實不然，每次她們出去買東西，黛絲都會用更大的聲音要求，更令人尷尬。

終於，有一天，凱若有個朋友正好同時和她們在店裡買東西，她對凱若說：「我的天，你女兒真是無所不用其極！」

凱若覺得很受屈辱，她們進車子的時候，黛絲又要餅乾吃。凱若申斥她女兒說：「小姐！你逼我太甚了！你一直逼

我、逼我，我對你在店裡的行為已經受夠了！回家以後，你給我立刻回房間去，等爸爸回來看他怎麼修理你！」凱若原有的耐性全部消失，黛絲在她的大吼大叫聲中給嚇壞了，一路哭著回家，凱若覺得又內疚又無力。

凱若不知道她對黛絲採取了我們稱之為「忽視和爆發」的做法，她用不適當的容忍，希望黛絲的行為會自動消失，沒想到她反而變本加厲。而同時，凱若的憤怒也在高漲，最後，她一直忍著不說的事實，就在一次的大發雷霆中爆發出來，使黛絲覺得受傷、受驚嚇。這種「不一致」頗為常見，根源於認定「壞事會自行解決」的信念。可惜，世界不是這麼運轉的，你不會用這種方式來處理身上的發炎，也不會這樣來看待屋頂上的破洞。一般而言，如果問題一直不處理，只會更糟而不是更好。

孩子也是一樣。他們沒有內在的煞車器，來阻止他們過分的要求和不適當的行為，因為「愚昧迷住孩童的心」（箴言廿二15）。他們需要父母作外在的界線、指正、限制，並執行後果，直到外在的界線成為內在的約束為止。這就是為什麼要打從一開始，即用一致的做法面對有問題的行為是那麼重要。

「忽視和爆發」的做法，教導孩子該堅持任何想要的東西，讓他學會十次裡面有九次可以逍遙法外，只需要學習如何忍受唯一那次父母的失控即可。這可是極佳的勝算，你若知道哪個股票有百分之九十的成功機會，肯定會急著去投資。所以若要避免教導孩子這種功課，就得早早作個面對

者，請朋友幫助你在爲人父母的教養上能夠一致。這樣做會幫助你預備孩子過合乎現實的生活，讓他知道再努力嘗試也不可能樣樣事都順他的意。

消耗精力

當我們軟弱下來，準備放棄對孩子的堅持時，他們馬上能感覺得出來 —— 這是多麼可怕的事。很多時候作父母的都會同意，聰明的青少年會用幾個小時的時間向你乞討、懇求、爭執，強詞奪理地要求推託一些責任。我有一對朋友說他們的兒子經常花四十五分鐘的時間，來爭論只消花十分鐘即可做完，像倒垃圾那類的事情。只爲了不要做那件事，他不在乎耗損多少時間。

孩子一直不停地對我們「作工」，他們不輕易放棄。你愈晚開始認眞執行界線訓練，他們就愈有精力來抗拒這些界線，因爲長久以來他們一直扮演上帝的角色，當然不願意放棄。我們很同情那些心裡這樣想的父母：「好吧，我這次放棄，就給他錢吧，不值得爲這種事情爭吵！」某些時候的確如此，但每次你讓他們忽視責任，就腐蝕了孩子的自制能力。

如果你注意到孩子在消耗你的精力，可能意味著兩件事：第一，你可能處在失落的狀態，要不因爲你孤立無援，要不就是你缺乏給自己的時間。在空虛狀態下的人是無法持守界線的，因此，你要進入正常的、能幫助你的關係中，或安排某些時間給自己來填滿油桶。要記得，爲人父母是個暫

時的工作，不是一個身份。和有活力的父母生活在一起的孩子，都學會他們不是宇宙的中心，但可以自由地追求自己的夢想。

其次，有可能你已經訓練孩子學會一直要求你到讓步為止。有位好朋友告訴我：「為父母之計在於，當孩子持續要求時，你要比他再多一次把持你的界限。」這就是你所需要的——再多堅持一次。你需要那種會幫助你拉住線兩千次的啦啦隊朋友。好消息是，當你這樣做的時候，孩子會明白媽媽這回是當真的，他就會開始縮小努力的範圍。

請記得，你無法訓練孩子你所沒有的東西，不要只對孩子「說出」界線，而是要「做出」界線。如果你還沒有開始這樣做，趕快先從自己開始定界線，這會讓你和孩子都獲得好結果。

我們希望現在你有動力也受到鼓勵，知道訓練孩子界線的重要性，自己也願意作個有界線的父母。下一篇你會了解界線的十個法則，這些指導原則會幫助你把跟孩子定的界線應用到家庭生活的許多層面，你要以此為工具跟孩子一起在生活上運用界線，並教導他們負責任。

第二篇

孩子需要知道的
界線十律

第四章

這樣**做會**有何**結果**？

因果律

莎莉為全家人作了個大計畫，現在他們正要動身去迪士尼樂園玩，她滿腦子想著每個人一定都會玩得很愉快。由於預定中午出發，早餐的時候她就開始想，每個人在出發之前需要做些什麼事。她要兒子傑生做些他經常推託不做的庭院工作——因為那天他們必須把耙子和一些用品還給朋友。

莎莉告訴傑生，他在他們出發之前「必須」做這件事，她也跟傑生強調這件事為什麼「絕對」要在早上十一點半之前完成，所以她要他趕快開始去做。一個小時之後，傑生還沒有開始，她就再次提醒他，三十分鐘之後又重複提醒他。

然後，她忙著去做其它的事情，十一點半走進屋裡的時候，竟然發現傑生在看電視。

「你在幹什麼？」莎莉尖叫起來：「我告訴你在出發之前要把院子弄好，現在我們把時間拖晚了！我簡直不能相信你會對我們做這種事！」

她繼續生氣地發牢騷，直到她自己、爸爸、妹妹和傑生

合力把庭院工作做完為止。他們總算可以在下午一點十分出發。去迪士尼的路上，車內的氣氛不再親切，充滿了對傑生無言的蔑視，那天剩下的時間也受到影響。

就在同一條街上，也發生類似的情節，但結局不一樣。

蘇珊計畫下午帶三個女兒去逛街，她指示她們所有關於離家之前需要完成的事，並告訴她們下午一點鐘要出發，沒有把事情做完的就不得出門。

在離家之前十五分鐘，她發現老二珍妮還沒有做完她該做的事。

「看來你是不打算出門了，」蘇珊跟珍妮說：「很可惜，我們只好少了你囉！」

珍妮大叫：「你不能這樣對我，這不公平！」

「我想我很清楚地說了逛街之前需要做的事，我真的很遺憾你選擇不把這些事做完。再見囉！順便說一聲，我真的沒有時間去想如果吃晚飯以前，你還沒有把事情做完會有什麼後果，但是我們可能不必操這個心就是了！希望你會選擇避免另一個處罰。我們會想念你的！拜拜！」

蘇珊和她另外兩個女兒有個很愉快的下午。

教導現實的原則

父母如果無法在「心理上負面的關係性結果」以及「現實的結果」之間作區別，就會惹來很大的問題。生活是照「現實的結果」來過的。心理上負面的關係性結果，如：愈來愈生氣、讓對方內疚、嘮叨、撤回關愛等等，通常不會激發

人去改變。如果會產生果效的話，那種改變也只是曇花一現，僅徒增那人的心理壓力而已。當一個人的行為導致他必須面對現實的結果，如：痛苦、損失時間、金錢、財務、喜愛的東西、看重的人……時，他才會有真正的改變。

莎莉給傑生的後果	蘇珊給珍妮的後果
• 整個早上嘮叨不停，所以傑生不必看時間。	• 沒有一直嘮叨不停，她假設珍妮只要願意，就會自己看鐘。
• 尖叫和生氣的表現，使「拖延」這個真正的問題被忽略，反倒莎莉變成傑生的問題。例如，傑生本來有「我拖晚了，處在失去某些事物的危險當中」這個問題，反而變成「我有個發狂的母親」這個問題。	• 沒有那些情緒化的反應，以至於自己成為珍妮的問題。
• 對孩子的行為採取受害者的姿態——「我們要遲到了！」然後「看你做的！」——這等於教給孩子他可以控制一家人的生活和情緒。	• 不作孩子行為的受害人，她掌控自己的生活，不讓珍妮的行為左右家人的計畫或心情。
• 在孩子心中攪動所有錯誤的情緒（內疚、憤恨和生氣），而不是那個唯一能幫助他改變的情緒——難過。	• 沒有在珍妮心裡攪動情緒性的反應，讓她自由地去體會自己的損失。
• 最糟的，孩子並沒有為他的行為付上任何代價，除了母親的傷心和他長久以來已經變成「聾子」之外。	• 確定孩子的行為會使她付上失去所看重之事的代價。

在上述的情境下，莎莉和蘇珊基本上是面對同樣的情況，卻以相反的方法回應。莎莉採用心理上負面的關係性結果來處理事情，而讓傑生避掉了現實的結果。蘇珊則避開了心理上的結果，採用了現實的結果。

簡言之，蘇珊是在讓珍妮經驗「因果律」（或可稱為種與收的法則）。珍妮種了「不負責任」的因，就收了這樣的果：失去了她所看重的某些事。真實的世界不就是這樣運作的嗎？對這個法則的了解，不正是她長大成人時所需要的嗎？想想上帝所說的：「人種的是甚麼，收的也是甚麼，順著情慾撒種的，必從情慾收敗壞，順著聖靈撒種的，必從聖靈收永生。」（加拉太書六7～8）

而當我們承認要為錯誤付出代價時，不正是從中學習教訓嗎？實實在在地損失促使我們改變行為。因果律是我們每日所依賴的正負法則。上帝早已將它安置在宇宙裡，使我們的生活可以圍繞著它來建造。根據正面的法則，我們靠它可有這些好事：

- 如果努力工作，就可以在事業上更上一層樓。
- 如果打了夠多的電話，就可以把一些東西推銷出去。
- 如果研讀聖經並尋求上帝，就會在與祂的關係上有屬靈的成長。
- 如果花時間和所關心的人坦誠相交，人際關係就會更有進步。

根據負面的法則，我們會碰到這些壞事：

- 如果吃每樣想吃的東西，就會變胖，或產生心臟疾病。

◆ 如果對所關心的人大吼大叫，就會傷害他們，導致彼此的疏離。

◆ 如果在職業上不逼自己上進，就會停滯在至終無法滿足的層次。

◆ 如果不留心自己的開銷，就會負債累累，失去自由之身。

　　正面的「因果律」給我們適度的能力感和對生活的掌控力。這是上帝所定意的，祂喜歡我們將才幹和生命投資在好的收成上（馬太福音廿五14～30）。聖經及生活的經驗都指出，努力、勤奮和負責任必有好結果。

　　負面的「因果律」讓我們對壞事有健康的懼怕感，會健康地重視後果，並讓我們繼續生活在現實裡，行事也朝好的方向。例如，由於人際關係上失敗的後果，使我們學會用可建立良好關係的方式來愛人。

　　但是我們若從來沒有學過因果律，就會失去正負兩方面的生活經驗，不但沒有動力去把事情做好並作個勤奮的人，同時也不會害怕偷懶、不負責任，及其他品德問題。事實上，這兩種情況都會帶來痛苦：失去現實中美好的事物，以及需要去面對壞的事物。

　　想想看傑生學到了什麼？——你不必做你那一份，因為每個人都會替你做。你沒有好表現時，也不會有壞事臨到你身上，你可以推卸責任，還是可以去迪士尼樂園玩，所以半點損失也沒有！當然，別人會吼你，但只要你調整波長，讓它變得聽不見，吼叫就不是問題。以後對上司和配偶都可以來這一套！

是誰覺得可惜？

讓孩子承擔後果，會使「父母替孩子負責任」轉成「孩子為自己負責任」；使「這是父母的問題」轉成「這是孩子的問題」。

有一天我到朋友家裡作客，我請他們九歲的兒子一起到戶外籃球架下去投籃。「不行，我必須待在家裡。」他說。

「為什麼？」

「我媽在打電話時，我一直煩她，所以她不准我出去！好可惜我不能去！」

「好可惜我不能去！」──這是個教導孩子承擔後果的功課，我的行為變成「我的」問題。太多時候，孩子的行為沒有變成他們的問題，這些行為沒有讓他們為所看重的事付出什麼代價。

反倒父母讓那個問題成為他們自己的問題，而不是孩子的問題。請記得，孩子需要為自己必須承擔的後果擔心，並且自己去解決那個問題。父母的角色是幫助孩子樂意這麼做。而「承擔後果」就提供了這種「解決他自己行為問題」的動力。

珍妮學到她的拖延是她的問題，不是母親的問題。你可以打賭，下一次當母親再跟她說，如果她不在特定的時間內完成工作的話，就會失去某些東西，她一定會注意看時間的。但是傑生還沒有學會他的行為是「他的」問題，他認為那是母親的問題，是母親需要擔心、緊張和努力才行。而他呢，還是可以出去玩！

作父母的你，在某些情況下想到該怎麼做的時候，請記得下面這幾個問題：

1.這是誰的問題？

2.我怎麼幫助他來體會這個問題？

3.我做了什麼事讓他體會不到這是他的問題？

年齡和內容會改，但法則依舊

因果律教導孩子生活中最基本的功課：「節制」（加拉太書五23）。他們可以從中學會「我在掌管自己的生活品質」，他們知道可以作選擇：或是可憐兮兮地待在家裡，或是到外面玩得很開心。選擇做你該做的事就可以玩，選擇不做就要付上代價，兩者都是你──不是你的父母在管理你的生活。

孩子在幼兒時期，你告訴他的內容可能是：「不要動那個東西，要不然你就得罰站！」學童時期你講的話可能是：「騎腳踏車不准超過那個轉角，否則不准再騎！」青少年時期你說的話可能是：「不要拿到超速罰單，否則不准再用車！」

當然，他們操練好的選擇時，就會獲得相反的結果：「因為你沒有違反規定，你要在那裡玩多久都可以」，「因為你沒有越過街角，也那麼小心地在騎車，我們可以讓你再騎遠一點」，「你的駕駛紀錄這麼好，我現在很願意和你談論讓你開車去聖地牙哥聽音樂會的事」。

特定的內容可以依據孩子（將來是成人）當時事件的環境加以改變，例如，小的時候你告訴他，如果他不把吃的東西丟到地上，就可以坐在餐桌上吃飯；長大以後你告訴他，

如果他不賣掉分給他的那一份配額，將來就可以經營整個地區。內容會不一樣，但法則依舊：如果作了好的選擇，生活會好過作壞的選擇。

這個法則的公式是：給孩子自由，容許他作選擇，然後照那個選擇去處理後果。當孩子好好負起責任時，要不停地給予讚美，增加他自主的機會，確定他們知道他之所以能得到更多的權利，是因為他們值得信賴。

當孩子作了壞的選擇，要對他的損失給予同情，避免落井下石地說：「我早就告訴過你！」同情的用詞如下：

- 「可惜你今天不能玩！」
- 「我了解，我很體諒你錯過那場比賽的心情，我也會很氣不能做某些想做的事。」
- 「我相信你一定很餓了，我也很不願意少吃一餐飯的！」
  你把上面的說詞和下面的說詞作個比較：
- 「不必跟我哭，如果你做了該做的事，就不會這麼糟糕了！」
- 「不必跟我說：『不公平！』這種話，這是你自食其果！」
- 「好吧，如果你做了該做的事又守規矩的話，就可以和我們一起吃飯，但下一次你不要這麼自私，害大家要跟著晚吃飯。」

孩子很容易對講這種話的人生發怒氣，然後把注意力轉向恨那個使他難過的父母，而不是改正那個使他陷入這種困境的行為。但是，我們也不要過分同情那個作了錯誤選擇的孩子，同情只是為了建立使他通向你的橋樑，不要讓這件事

造成你們之間的隔閡。

在自主、選擇和後果之間取得平衡

你的目標不是要控制孩子，讓他們做你要他們做的事，乃是給他們選擇去做想做的事，並且讓他們知道做錯事是非常痛苦的，使他們不想去做錯事。誰願意整天罰站呢？你這種做法無濟於事，你要讓他們選擇，但也要讓因果律落實。

如果他們種了不負責任的因，就會收到痛苦的果；種了「負責任行為」的因，不但會收到好結果，也會令他們想要選擇那條路。

小喬易想要互不相容的兩件事：

1.他想要照他的方法行事。

2.他想要事情對他有利。

喬易的母親也想要兩件事：

1.她想要事情對喬易有益。

2.她想要喬易做對的事情。

媽媽知道若要喬易長大成人後有責任心，就需要做一些事，也要控制使喬易未來生活順利，所需的權利、自由、獎賞和處罰的分配。她只要記住，只要確定喬易不會同時得到他想要的，就算做得很成功了。喬易可以兩者取其一，但不能兼得。

如果他選擇照他的方式行事，則那件事很有可能對他不利；如果事情對他有利，常常是因為他作了很好的選擇。父母要掌控的是「果」。

此外，任何一個成人都不可能同時擁有「我要成功」以及「我每天都要隨心所欲」這兩件事。成人必須兩者取其一，孩子亦然。

這裡的關鍵在於，孩子必須在兩者之間選擇其一，因為那是自主的要素和自制的根源。沒有「自主」和「選擇」，則「自制」是不存在的。因此父母的任務就是給予孩子適量的自由和選擇，然後掌握那個後果。請記得如下這個基本的神學真理：

自主＝負責任＝承受後果＝愛

我們若在這些方面都有同等程度的表現時，就是做得很好。如果孩子能夠自由地作選擇，並為行動的後果負責任，就可以培養出一個為正當理由作正確事情，又有愛心的孩子。如果其中任何一點失去平衡，例如，容許太多的自由過於要求負責，就會出現品格上的問題。

或者，如果某人很負責任，卻沒有作選擇的自由，那他就會像奴隸或機器人，無法選擇作有愛心的人，只會是個曲意奉承又充滿憤怒的人。或者，某人對某事有自由選擇的機會，也負起責任，但不曾承擔誤用自由的後果，他的品格就會漸漸出問題，至終做出非常不負責任又讓人不喜歡的事。

我們要讓孩子有少量的自主權，讓他在那樣的自主權裡面作選擇，然後讓他在這些選擇裡面承擔後果，這樣就可以培養出有愛心的果實。對大人亦然——給予自由、要求負責、承受後果，至終成為一生都充滿愛心的人。

插手干預

父母很難狠得下心讓孩子承受痛苦的後果，父母天然的傾向是幫助孩子擺脫困境。給你作個小測驗：你曾花了幾個夜晚在幫孩子做隔天早上要交的學校作業？而這種情形前一天才發生過？情況通常像這樣：

「媽，我的作業需要用到膠水。」

「抱歉，親愛的，我們家沒有膠水。」

「但是作業明天就要交，沒膠水不行！」

「你什麼時候知道要交這個作業？」

「兩個禮拜以前。」

「你為什麼不早點說你需要膠水？」

「我忘了。」

「距離我們最近，這麼晚還沒打烊的商店，開車也得二十分鐘才到得了，你怎麼可以這樣對待我？」

「媽，對不起啦！可是我非完成不可，要不然拿不到好成績！」

「好吧！上車去！」

（有時候作媽媽的會很挫折，也很生氣，但有時候她可能一點都不介意）。

比較一下這個對未來有眼光的母親所做的事：

「媽，我的作業需要用到膠水。」

「抱歉，親愛的，我們家沒有膠水。」

「但是作業明天就要交，沒膠水不行！」

「有哪個老師會在這種時候打電話來，給你一個作業，卻

沒有足夠的時間讓你去買需用品呢？」

「得了！媽，她是在學校給的作業！」

「什麼時候？」

「兩個禮拜以前。」

「哦，所以你有兩個禮拜的時間，可以去買膠水和其他的用品？」

「是啦！但是我以為我們家有嘛！」

「哦，那很糟糕，我記得好像上次的作業你也是這樣！好啦！我沒有膠水，現在也過了我上床的時間，所以我希望你能夠想出用什麼別的東西來做這個作業，而不必用到膠水。晚安囉，甜心，我會替你加油的！」

第二位母親從未來看到，她今天可以教導孩子關於品格的功課，而且肯定對孩子的將來更有幫助。她看到兒子在發展一個很壞的模式，因為這不是他第一次到最後一分鐘才來找做功課的材料。我們認為作母親的稍微幫一下平時就會事先思考、會負責任地作計畫，也準時交作業的孩子，並沒有什麼大礙。但第二位母親並不是在處理像這樣的孩子，她看到孩子正發展出使他未來的日子過得不順利的性格模式：

◆ 拖到最後一分鐘，才試圖將老闆要求的任務交差，然後就失去工作。

◆ 由於沒有及時報稅，或因為資料不完整，惹上稅法上的麻煩。

◆ 由於自己不出力，總是靠別人替他負責任的傾向，破壞了他的人際關係。

因此，她決定不去干預因果律，讓這個法則自行發揮效果。這個孩子種了拖延的因，就必須付上缺乏事先計畫而受懲罰的代價。那個後果所教導他的功課，遠比他以後生活中所要付的代價來得低廉。他在學校將會喪失的任何權利，遠比成年之後同樣行為所導致的後果，要付出的代價少得多。

如果作父母的不從中介入，這個法則是很管用的！太多時候，我們干預了這條自然律，原本可以用來給孩子一點教訓的，卻被大人橫腰一攔。孩子常常是到後來的生活中，沒有人幫他擺脫困境了，才學到這個功課。這種不負責任的壞習慣或模式，讓每個在他周圍的人都要跟著付代價，而且讓人覺得很厭煩。父母寧可在現在「厭倦」替孩子作保，而不要等到以後別人「厭煩」他們孩子的行為時，才不再把孩子保釋出來，藉此平息自己那種「生厭」的感覺。

要能夠這樣做，父母需要對「讓孩子受苦」這件事放輕鬆些。正如聖經所說：「凡管教的事當時不覺得快樂，反覺得愁苦，後來卻為那經練過的人結出平安的果子，就是義。」（希伯來書十二11）「愁苦」這個字在希臘文的意思是：「痛苦、怨恨、深沉的悲傷」──這些都不是好事。但為要能得到管教的果實，就需要經過痛苦。

作父母的經常會排拒因果律所帶來的後果，因為他們過度認同孩子的痛苦。但你寧可讓孩子現在吃點苦頭，不要讓他以後吃苦頭。痛苦是不可避免的，你要確定這些不負責任的後果，僅僅是失去一些「權利」而已，而不是失去職業或婚姻。

如果你發現自己很難讓孩子承受痛苦的後果，請找人幫助你超越自己的排斥感，你可能需要處理自己過去所受的傷害、自己的缺乏界線，或是自孩提時代即養成的依賴模式。從好的協談人員或父母支援小組得到支持，這對你在孩子面前站穩立場，是不可或缺的要素。

在恩典與真理之間取得平衡

我們經常談到，恩典和真理必須平衡，人才能有所成長。以後我們還會更多談到這一點，現在先簡單說明一下。一個人之所以會成長，祕訣在於，他一再地得到恩典和真理。你給予一個人恩典（不配得的好處），加上真理（架構），然後一再這樣做，就會使這個人有最大的機會成為好品格的人。

恩典包括：支持、資源、關愛、同情、饒恕，以及所有與上帝的本性相關的各種層面。真理是生命的結構，它告訴我們應當如何生活，以及生活真正的運作方式。因果律是過成功生活的基礎。父母可以一再地告訴孩子什麼事對他們最好，也可以教訓孩子有關事情應當如何行、如何成功，以及何謂好的生活，但要到孩子真正經驗過後果之後，這些教導和訓示才不至僅流於理論、嘮叨和父母製造的噪音而已。真理要能夠對孩子或任何一個人成真，就必須落實，而非僅止於觀念。

如果媽媽告訴我作A、B或C對我有好處，則需要讓它成為真實我才學習得到。使之落實是媽媽的責任，然後，也唯

有那個時候，真理才會真正成真。

善用因果律

現實的後果是一張列不完的清單，唯有你的創意會詞窮，在此給你一些建議：

- 使「後果」成為犯錯的自然流程。例如，如果看電影之前沒有準備好，就可能去不了；如果遲遲不上桌吃飯，就可能失去晚餐；如果遲遲未做功課，就可能得到很差的成績；如果不做家事，就可能失去其他家人所享受的權利；如果不告訴父母要去哪裡，下次可能就要待在家裡。

- 保留「後果」給嚴重的違規行為。一般而言，我們所討論過的這些後果，是針對那些有落入壞品格模式之虞的行為而說的。有時候我們都需要彈性和諒解，例如，雇主會公告請病假的政策；學校只要有正當的理由就可以請假等等。但若每件事情都有理由，那就不再是理由，而是強辯了。當講理、警告以及約談都失效時，就必須進到承擔後果的階段。

- 給予即時的後果。孩子愈小愈要給予即時的後果。對很小的幼童，堅定的「不可以」，罰坐、隔離、用力打屁股、把他從那個情況拉開，都會很管用。

- 避免情緒化的後果，要施行現實的後果。生氣、內疚、羞愧並不能教導孩子做得更好；失去看電視的權利、失去金錢或玩電腦的時間，所帶來的痛苦會教導他學得更好。

- 只有當他們在意你的感覺時，才使用情緒化的後果。如果

女兒的行為傷害到你和其他的人，告訴她並讓她知道你有什麼感覺，以及你打算怎麼做。例如：「你那樣跟我說話時，讓我很難過。我不喜歡人家對我那樣說話，這讓我覺得和你之間有隔閡。所以，當你用粗魯或不尊重的語氣對我說話時，我不會聽。我不要聽到那種說話方式，你願意換個方法來跟我說話時，我會很樂意聽你講的！」

• 要想到「後果」可以保護你自己和其他家人，免受那個孩子的行為所帶給你們的傷害。換句話說，你自己的界線就是最好的界線。「我不喜歡和一個吵架的人一起吃飯，傑米，到你的房間去，當你可以停止拌嘴時，就可以回來吃飯。不過，順便說一聲，我七點半就會收拾飯桌，之後就沒有東西可吃，後頭的點心是給吃過晚飯的人吃。」或者說：「我們希望能把那間小屋做為家人交誼的地方，我們不想在那裡被你的東西絆倒，在睡覺以前，我會沒收任何還留在那裡的玩具，因為我們不要一個亂七八糟的起居間，你想把玩具要回去就得付錢才行！」

有位朋友的女兒對人家要她結束話題，以及不要不停問問題的要求置之不理。我這位朋友對她女兒說：「講話時間結束了！」

她女兒回答說：「可是我還沒講完啊！」

她給女兒的回答很完美，她說：「我知道，蘇西，你沒講完沒關係，但是我已經聽完了！」你自己的界線就是最好的界線。

• 盡可能保留選擇。在例如「和家人一起出去」那種只能給

孩子一種選擇的情境下，你還是可以給他選擇：「你可以和我們一起出去玩，大家開開心心，或是出去玩卻讓大家不高興，你要選擇哪一個？還有，順便講一下，如果你和我們在一起卻讓人討厭，我們下一次去看電影的時候，就不會讓你去。」

- 在訴諸後果之前，要確定孩子沒有行為失常的理由。先檢查一下他有沒有恐懼、醫療上或情緒上的問題。當孩子表現出痛苦、受傷的感覺、無力感，或某些其它的情緒狀態時，可能是和一些事情有關，例如：父母離婚、父母婚姻上的壓力，或是搬家等等，這些不尋常的事情會讓孩子開始表現出激烈或退縮的行為。他的痛苦可能是受父母或其他孩子傷害而來的直接反應。孩子可以從各種不同的方面受到傷害，通常他們的行為失常是痛苦的表徵，需要關懷多過給予限制。請參考談到「同理心」的那一章。

- 和孩子談話，問他為什麼會行為失常。你可以在孩子表現正常的時候和他談論這個問題：「你這樣、這樣做時，我希望能了解為什麼你會這樣做，你是不是有些話想要告訴我？你在生我的氣嗎？你在什麼事情上受到傷害嗎？下次再有這種情形發生時，你認為我們可以有什麼好的計畫，來處理這個問題嗎？」

再談「獎賞」和「後果」

最近有位母親告訴我，她請兒子做點像倒垃圾之類的小事，他的回答是：「你會給我什麼？」她問我應該給他什麼

好獎賞。我告訴她，去跟他說，如果他不做她要他做的事，她就會給他『不好過』。」她奇怪地看著我，之後我們對獎賞和處罰進行了一番很有趣的討論。我們認爲有兩件事可以給予獎賞：

1.獲得新的技能。

2.特殊的表現。

我們不認爲對下列的事情要給予獎賞。

1.做一般適合年齡要求的工作（例如生活技能）。

2.做別人期望你去做的事（例如工作）。

像讚美、點心、給錢、去動物園，或在冰箱上貼星星貼紙等獎賞，可能是教導新技能很有力的教師。有時候當我們花很多工夫去學習某些新事物時，需要在過程中得到短程獎賞的動力，孩子們喜歡在學習新東西時得到獎賞。

當某人優於一般的期望時，獎賞也是很好的東西，學校認可這類的表現，童子軍、體育機構、雇主亦然。作雇主的人「對優良表現給予獎勵」以及「發給不同種類的獎金」，都是激發員工的要素。

對文明的人類而言，是有一些正常的行爲期望。市民、房東、雇主、學校、朋友、配偶，都期望從與之有關的成人看到某種程度的表現。一旦孩子學會了過負責任生活所必須的技能時，就不能讓他再期待獲得獎賞。相反的，如果他們不去做，倒是要爲此付出代價。

我們獎勵兩歲的幼兒學會自己上廁所，但不會對能夠持續這樣做的成人給予獎賞。你不會因爲上週準時上班而得到

獎勵，那是公司期望你做到的事，但若你遲到幾次，可能就會被扣薪津或是受到某些處罰。

我們要小心，不要給孩子那種「唯有別人付他們錢，他們才需要有所表現」的態度。他們需要學習，如果不表現就要付代價。這會避免今天很多人都認為的「受之無愧」態度，以為他們有權利「不做也可得」。

他們最好學習，每個人在家裡都需要做他的那一份，如果你多做了，我們可以談談某些額外的獎賞，但我們期望每個人至少做他那一份。正如耶穌所說的：「僕人照所吩咐的去做，主人還酬謝他嗎？」（路加福音十七9）在現實的世界裡，不會有特別獎賞的晚餐給僅達到最低限度表現的人，但有許多的處罰是給未能符合最低文明期望的人。

與現實為友

「成熟」就是不再要求生活符合我們的要求，乃是開始去符合生活的要求。因果律著重在符合生活的要求，否則就要經驗痛苦。當保持現狀的痛苦比改變的痛苦來得大時，我們就會改變。

「後果」所帶來的痛苦激發我們去改變。現實不是我們的敵人，乃是朋友。用現實所要求的方法去行事就會有極大的獎賞。箴言三章1至4節說：「我兒，不要忘記我的法則，你心要謹守我的誡命，因為它必將長久的日子，生命的年數與平安加給你。不要使慈愛誠實離開你……，這樣，你必在上帝和世人眼前蒙恩寵、有聰明。」

　　成熟的人知道，「善道」就是最好的道路，懂得智慧地
過日子、作對的選擇、作對的事情──就能夠過好的生活。

　　在孩子的心裡面，現實是個敵人，然而，「後果」教導
孩子，現實的確是他們的朋友。在行為上做必要的改變，以
及符合現實的要求，意味著事情會更好。

　　我們知道，人至終要控制自己如何過生活，如果我們種
了「符合現實要求」的因，就會收到好結果；若是種了「逃
避現實」的因，至終我們就要付出代價，其結果，現實就不
是朋友了。

　　幫你的孩子一個忙，教導他們在生命初期即和現實作朋
友，它更便宜、更安全，而你的晚餐也會準時開始。

　　然而，要這樣做，他們必須學會對正確的事負責任。我
們要在下一章告訴你什麼是正確的事。

第五章

拉**自己**的推車

責任律

我（約翰·湯森德博士）有兩個兒子瑞奇和班尼，他們小時候就像其他人一樣，手足之間常常吵架。妻子芭比和我經常要做仲裁人，替他們主持公道。她或我會坐在餐桌旁，兩個兒子分別陳述對他兄弟可怕行徑的抱怨，我們則盡可能收集事實，決定誰對誰錯，並且建議他們如何解決問題，例如：歸還玩具、道歉或其他任何等等。

這種仲裁制度效果很好，但我發現我們花愈來愈多時間在做這件事，每次我坐下來看報紙或是和妻子談話，都必須停下來做判決，兩個男孩愈來愈依賴我們有瑕疵的智慧。最後，我有個想法。

「我們要改變這種處理方法，」我告訴他們：「從現在起，除非你們已經先花時間解決兩個人之間的事，否則不准來找我或是找媽媽。你們要先想辦法解決問題，實在解決不了才來找我們。但是，如果來找我們解決問題的話，做錯事的人可就要為後果吃點苦頭囉！」

兩個男孩過一陣子才開始這樣做。他們有兩個動機：第

一，那個既想解決問題，又不要父母給後果處分的「未決犯」，總是很樂意談判！第二，他們爲「不用父母來替他們解決瑣事」感到很了不起。

事實上，我還必須處理自己的「不再被依賴感」呢！有一天，我看到他們在爭吵，想要幫他們一把，便走過去說：「好啦！兩個小傢伙，怎麼回事？」

班尼很不耐煩地轉向我說：「爸！我們正在解決問題！」

我有點失落地回到座位去！在那個時刻我是不被需要的！

兩個男孩正在學習一個很有價值的界線功課：他們要爲自己和彼此的爭執負責任。孩子需要知道他們的問題是「自己」的問題，不是別人的問題。他們的生活就是自己的紅色小推車，而他們的工作就是拉這部小推車，不指望別人幫他拉。這樣做的必然結果是，孩子懂得關心自己的人際關係，但不去承擔別人的問題。他們「爲」自己負責任，也「對」別人負責任。在下面「關心」與「救助」那一段，我們會再詳談。

成熟的標記之一，就是爲自己的生活、慾望及問題負責任。如果上班遲到，就不要抱怨高速公路塞車；想要在工作上升遷，就要再去進修課程；生氣，就要去處理那些讓我們生氣的事情，不是等別人來紓解我們的情緒。成熟的大人把自己看作是解決問題的人，不是想要責怪別人或要人家來替他解決問題。

不成熟的人老是認爲自己像個受害人，一直要別人爲他

解決問題。癮君子的的定義之一就是，自己欠債要別人替他還。然而，正如聖經所教導的：「各人必擔當自己的擔子。」（加拉太書六5）

「為自己負責任」不是孩子天然的本性，小嬰孩在他生命中的第一年，只忙著相反的工作——依賴和索求，要從母親得到關愛和安慰，並學習信任。他的生命真的是在別人手中，沒有適當的注意就會死去。然而，即使是那種時候，他也在學習為「自己的需要能得到滿足」來負起那一份責任。

他不舒服的時候，要用哭來提醒母親有些事情不對勁；他需要伸出手來讓人抱；想下來的時候要作出推開的動作。上帝是這樣造我們的，讓人即使是在生命的初期，就學習肩負自己生命的擔子。

因此，跟孩子立界線的訓練，絕大部份在於幫助他們了解，他們必須逐漸為自己的問題負責。父母起初肩負的擔子最後必須落在孩子身上。

這些話對許多人是很難接受的，尤其是那些在孩提時代情緒上受過傷害的成人。他們沒有得到過所需要的關心、安全感或是生活的架構；或者可能得到的是他不想要的暴力、疏離或是過度苛責。但他們必須自己去修補已經破壞的一切，而不是靠導致問題的那個人——這聽來似乎很不公平。

然而，自從人類在伊甸園墮落以來，事情似乎就不再公平了，因為我們看到壞事發生在好人身上。但我們若等候公平的判決，就是把自己的生命放在傷害我們的人手上，所以，最好還是採用上帝解決傷痛的方法——饒恕，並在不公

平的情況中成長。請記得，上帝自己並未對我們要求公平和
公正，反倒十分看重祂與我們的關係，甚至甘願爲我們死在
十字架上，正如羅馬書五章6節所說：「基督爲罪人死。」

在我們的一個研習會上，聽眾當中有人問：「今天我是
個什麼樣的人，有多少是我要負責任，有多少是環境造成的
結果？」換句話說，問問題的人想要知道，他父母對待他的
方式，對他有多大的影響？

我與亨利兩人笑笑，分別在紙上寫出我們認爲在人的一
生當中，孩子和父母分別要負的責任比例。我們把兩張紙頭
對在一起看時，兩個人寫得一模一樣：我們都認爲孩子要負
百分之七十的責任，父母負百分之三十的責任。

此一比例雖未刻在石碑上，但它反映我們自己的結論，
亦即：即使我們都曾經在某些方面被人得罪或遭受虐待，對
這些境遇的反應仍然是我今日個性和品格的主要決定性力
量，孩子成長的大部份重量要由他自己承擔。

孩子需要承擔什麼責任

孩子所需要負起責任的生活層面，我們稱之爲「寶貝」，
或是「極具價值的東西」。耶穌教導說：「天國好像寶貝藏在
地裡，值得變賣一切所有的，買這塊地。」（馬太福音十三
44）。這些有關如何去愛、如何工作、如何服事的品格，是寶
貝的一部份，我們要保護、培養這些品格，使它成熟，不僅
在今生成長，也在來生繼續。讓我們一起來看孩子需要負起
責任的寶貝是什麼。

情緒

　　雪柔進退維谷、智窮力竭，因為她十一歲的兒子納森稍有挫折就大發脾氣，在這樣的年齡發起脾氣來是很恐怖的。他會對著雪柔大吼大叫、跺腳、摔門，有時候還丟東西。然而雪柔想：他需要一個地方讓這些瓶塞裡的氣冒出來，否則他的內心會被腐蝕殆盡。所以她讓納森「表達自己」，或試著去撫慰他，幫助他平靜下來。然而納森的行為愈發變本加厲，最後有位朋友告訴雪柔：「你是在訓練他作個男人狂！」她嚇呆了，趕緊找人給建議。

　　雪柔得到一個小訣竅，改變了她對納森暴力攻擊的處理方法。她跟納森說：「我知道有些事情讓你生氣，我也可以體諒你的挫折感。我們每個人都會遇到這種事，但是你的情緒擾亂到我和其他的家人，所以我給你一個提議：你生氣的時候可以告訴我們你在生氣，因為我們要你誠實面對自己的感覺；如果那是針對我們而發，我們會坐下來談，試著解決那個問題，但你不可以吼叫、口出惡言、跺腳或丟東西。

　　如果你再這樣做，就必須到房間去，不准打電話、玩電腦或是聽音樂，等到你能夠有文明的舉止再說。然後，你干擾家人多少分鐘，就必須多做幾分鐘的家事。我這樣做，是希望能夠幫助你處理這些情緒問題。」

　　起初納森不相信雪柔真的會這樣做，但是她堅守立場。納森有一陣子擴大他的干擾行為（父母們，你們要預期會有擴大現象，因為孩子要確定你是認真的），但雪柔貫徹去執行「後果」。她本來對這樣做極其擔心，害怕納森的情緒不再有

發洩的出口，會變本加厲地爆發，或是心靈受壓抑、破碎。

事實上，這些情況都沒有發生。納森在起初那個階段的抗議之後，就安定下來了。他發脾氣不再那麼密集，甚至進一步消散了；他開始把問題當作問題帶到雪柔那裡，和她一起解決問題，而不是把危機帶給她。在納森內心所發生的，是他成為自己情緒的主人，他以上帝起初創造情緒（人類心靈狀態表號）的方法，來使用他的情緒。他可以生氣，但會認清生氣的緣由，解決那個導致生氣的問題，而不是讓那個情緒帶他到失控的情況。納森開始擁有他的寶貝之一：情緒。

態度

「態度」和「情緒」不同。態度是指我們對人對事所持的立場或意見。例如，有個人可能對「如何過日子」持有某種特定的態度，以自我為中心的態度是：「我靠自己的力量就可以得到生活中想要的一切」，更成熟的態度是：「我可能可以得到生活中努力工作得來的結果」。「態度」是我們一生中作許多重大決定的基礎，包括愛情、婚姻、職業、靈性。下面這份簡要的清單，是孩子需要培養態度的一些事情：

- 自我（強處和弱點，喜歡和不喜歡）
- 在家裡的角色
- 朋友
- 上帝（祂是誰，如何與之關聯）
- 學校（興趣和本份）

- 工作

- 道德問題（性、吸毒、幫派）

　　孩子需要兩方面的幫助來學習擁有自己的態度。他們需要看到「態度」是一種要為自己去努力和決定的東西，而別人的態度可能和他的不一樣。我們也需要幫助他們看到態度會帶來的後果，以及他們要如何為這些後果負責任。

　　例如，你的孩子對家人的態度可能是：「他們的存在是為了滿足我的需求」，而不是「我是在一個團體裡面，其中每個人的需要都和我的需要一樣重要」。你要讓他看到他的態度是怎樣傷害自己和別人，要教導他身處團體裡面的價值，以及如何在其中滿足需求，然後你要以經驗來跟進你的教導，幫助他看到這些事情的真實性。例如，你可以說：「莫利，你如果不能等到弟弟講完話就插嘴，就必須等到明天才可以講你今天學校發生的事情。雖然我們很想知道你學校發生的事，但需要學習輪到你才講。」這會幫助孩子發展尊重他人感覺的態度。

　　你幫助孩子體驗耶穌所講「樑木與刺」的原則時，就是在給予孩子無限的恩惠：在你看朋友眼中的刺之前，先去掉自己眼中的樑木（參考馬太福音七1～5）。換句話說，你要教導孩子，任何時候他們有問題，首先要檢查一下自己可能做了些什麼來造成那個問題。「態度」和世界上的每件事都有關係，下面是一些例子：

情　境	刺	樑　木
學校有個朋友對我很壞。	她好可惡。	我可能傷害到她什麼？
我拿了壞成績。	老師好古怪。	我的讀書習慣如何？
我沒有得到全部的零用錢。	爸媽不公平。	我沒有做到什麼該做的事？
我的哥哥打我。	我的哥哥好壞。	我是不是激怒他，然後哭說自己是受害人？

行為

　　孩子透過被愛、教導、榜樣和經驗，學會如何在私下和公開的場合行事爲人。他們需要知道，如何行事是他們自己的責任。

　　孩子天生就是「衝動失調者」──亦即，他們的情緒與行動之間，並沒有像「思考、價值、同情他人」這樣的「調停者」來作連結。他們的感覺和行爲之間只有一條直線，如果這種情況持續到成年生活，就會變成上癮或受性格失調之苦。他們只會發洩情緒到行爲上，對「我如果憑著自己的感覺行事會有什麼後果」毫無概念。下面是孩子（或沒有學會界線的成人）會做的事：

　　原因：我很氣你不讓我多看電視。

　　結果：我哭哭啼啼，大發脾氣，對每件事情都勃然大怒。

　　有界線的孩子會這樣做：

　　原因：我很氣你不讓我多看電視。

思想：我可以發脾氣，但可能會喪失比看電視還多的東西，所以最好聽話。

結果：我現在就去做功課。

孩子不是天生就有這種「調停功能」，但是上帝給了為人父母的你，有工具來幫忙他塑造這種功能，甚至不需要他的合作就做得到。你在他衝動行事時，不必去壓抑他的行為，只要讓他感到更加痛苦就可以了。

許多父母低估孩子能夠控制自己行為的程度（請看第三章「適合年齡的限制」那一段），一般而言，有健全心智的孩子都可以學會為自己的行為作主。

你要用確認、指示和經驗來將「調停功能」塑造到他們心裡。

確認：使他們知道，無論現實與否，他們的感覺是真實、可信的。

指示：告訴他們，表達生氣或自我意願並非不合宜，但要有方法來處理感覺，例如，講出來，或換個方式來得到想要的（譬如說，你以尊重的態度而不是命令的方式說出來，就會得到更多的特權）。

經驗：讓他們知道，如果行為仍然不恰當，就要承受後果，而當他們更多對自己的行為作主時，就給予讚美。

舉例來說，我認識一個家庭的兩位姊妹，她們有個問題。能言善道的泰勒，常常在較為安靜的海樂講話時插嘴，父母坐下來對她說：「泰勒，我們知道妳很興奮地想跟我們講話（確認），但你一直插嘴，對海樂很沒有禮貌，而且傷害

到她的感覺。我們希望妳保留想講的話，讓她把話講完了以後再開口，如果妳做不到，我們就讓海樂有雙倍的時間來講話，一直到妳能夠克制自己為止。我們這樣做，是希望能幫助你更懂得自制，否則這種習慣會使妳討人厭的（指示）。」

泰勒聽到了，然後就像孩子們都會做的那樣，測試這個系統。她的父母堅持所講的話，以致有兩晚上泰勒非常難過，因為媽媽和爸爸沒有在聽她講學校發生的事（經驗），然後泰勒的媽媽告訴我，有趣的事情發生了！

「第三天晚上，」她說：「海樂在講話時，我看見泰勒的臉抽動起來，好像她正好想到什麼重要的事要告訴我們，她吸了口氣，張開嘴，甚至海樂話講了一半，也停下來。那時候，餐桌上一陣沈默，泰勒的臉色改變了，我們真的看到她記得前兩天晚上所失去的一切機會。她看著我們每個人，笑著說：『海樂，你剛才在講什麼？』我們每個人都笑得幾乎從椅子上跌下來。」

萬歲！泰勒已經開始發展出「節制」這個成熟的基本要素，以及聖靈的果子（加拉太書五23）。節制幫助我們與動物世界有所區別，也幫助孩子為自己的行動負責。有節制的人不必用行動來表現自己的感覺，但能夠用說明、反映、象徵，或忍受遲來的酬謝這些方式來表達自己。孩子學會他們雖然不一定每次都能控制情緒的反應，但是可以控制如何規矩地回應。

孩子需要了解

「很難」與「不會」有別

　　學習為自己負責任的另一方面是，孩子需要了解「不會做」和「不喜歡做」之間的不同。孩子常常把兩者混為一談，因此，他不喜歡做的事就認為不會做，也由於他們不去做他們不喜歡做的事，別人就必須替他做。而那個「別人」就是沒有界線的父母。

　　我們作父母的要想到，「不做他不喜歡的事」會妨礙孩子了解「他的生活和問題是他自己的責任，不是別人的責任」，他要不然就是因為事情太難而放棄，很高興別人替他做，要不然就是找捷徑，像考試作弊等。

　　這種情形都是從小事開始。最近我發現自己和五歲的班尼就處在這樣的情況裡頭。他不小心把果汁灑在桌上，我幫他的時候，他就把弄髒的桌子擦得很乾淨，然後自動把濕答答的紙巾拿給我，讓我去丟到垃圾桶，我也很自動地伸手去拿紙巾。那時候，有件事讓我停住了，我想，只因為我正在寫這本書。

　　我說：「班尼，我們在幹什麼啊？你可以從椅子上站起來把紙巾丟到垃圾桶去啊！」而班尼去做的時候一點問題也沒有，他並沒有生氣，也沒有為自己辯護什麼，只是站起來把它丟掉。然後我們就繼續吃飯，我想對我們倆這是個新的想法。

　　我曾經和班尼逗著玩，他把球丟給我，我就拍著球追

他，在那個特定的情境下，我並沒有想到他有一雙好腿，而且把球投進大垃圾桶裡也投得很準，他並非無助到需要大人的援助。在這件事上，對我真正意義重大的是，那不是班尼的錯，而是我的錯。孩子會把握每個他們可以逃避責任的機會，直到我們把「自己負責」做為期望他去過的生活型態。

正如我們在整本書裡面從許多方面強調的，你不只是在「教」孩子界線，口頭的教導永遠是不夠的，你要「做出」界線的榜樣，你自己要成為孩子的界線。換句話說，你的工作就是成為一個以「責任和現實」來架構他生活的人，這樣才能夠培養孩子的責任感。

成長的另一部份就是學習我們要為什麼事情負責任，以及我們需要別人幫助的是什麼。加拉太書六章教導了一個看似矛盾的道理，第5節說「各人必擔當自己的『擔子』」，但是第2節卻說「各人的『重擔』要互相擔當」。乍看之下，似乎是要我們解決自己和別人的問題！因為我們某些人的生活的確就是這麼過的。但聖經並不是這樣教導，希臘文說明了這兩個字區別何在。我們在《過猶不及》那本書說到，「我們應當互相擔當的『重擔』，是指生活中那些壓倒性的「石頭」，就如經濟問題、醫療問題或是感情危機；而自己需要擔當的「擔子」是「背包」── 亦即，一般的工作責任、上學，以及對朋友、家人及教會應盡的本份。

孩子常常把「背包」看作是「石頭」，要我們替他們解決問題。我們需要打破這種想法，在他們心裡面建立一種觀念，即他們只能在那些超越自己能力的事上（如開車、賺錢

的機會、危機）等事上求人幫助；至於其他許多被期望自己去處理的事情，如成績、行為、工作等，要自己去做。

這是負責任的另一個目的。孩子的確在有些事上和問題上需要人幫助。生活是艱難的，沒有人能夠獨自完成所有要求我們去做的事。事實上，那種獨自處理所有問題的獨行俠作風的人，情緒上是有病、不健康的。聖經教導我們「要把下垂的手、發痠的腿挺起來」（希伯來書十二12），我們每個人都需要別人的支持、關愛、忠告及智慧，來導引我們度過一生。

孩子需要知道，當他們遇到危機、覺得壓力太大、有一些無法獨自解決的問題時，應該找人幫忙。你要使家裡成為孩子可以安心地回家說：「我數學考試不及格，我搞不懂那些題目」，或是「我被逮捕了」，或是「我懷孕了」的環境。在這種情況下，家人需要在孩子身邊幫忙解決問題。

然而，即使是在這種危機的情況下，孩子仍然必須學習負責任，他仍然有該盡的本份。下面是孩子需要做的：

- ♥ 夠誠實和謙卑，知道他有問題，而不是自以為是或否認那個問題。
- ♥ 採取主動去請求別人幫助，而不是退縮，或希望問題會自動消失。
- ♥ 選擇品格上值得信賴的人去尋求幫助。
- ♥ 盡自己那一份責任去解決問題。
- ♥ 看重並感激別人所給的幫助。
- ♥ 從經驗中學習不再重蹈覆轍。

現實生活所給我們的壞消息是：我們即使無法幫助自己，還是有事情得做。如果你被車撞到了，雖然你是受害者，還是得要蹣跚地去做物理治療和做運動；如果你最好的朋友搬家了，那不是你的錯，但你的工作就是去找另一種性情的人，能讓你以心相交。事實上，我們的生命中並沒有太多完全無法負任何責任的「石頭」。

「關心」與「援救」相較

我在上八年級的時候，有位新老師來替我們的自然科學老師蕭索太太代課，因為她生病了。代課老師很沒有經驗，性情也很軟弱。我們班上有個很受同學歡迎的男孩比爾，專找她麻煩，只要她一轉身，他就叫她難聽的名字，害得她離開教室出去哭。隔天蕭索太太回來以後，非常生氣，她要知道誰叫那位代課老師那麼難聽的名字，沒有人主動提出比爾的名字，雖然我們都知道是他幹的。所以蕭索太太走下講台，一排排地個別叫名字，問我們知不知道是誰幹的。沒有人逃避得了這個問題，要不就是撒謊，要不就是說真話。一個個孩子，包括我在內，總共三十個，都看著蕭索太太的眼睛對她撒謊。

只有一個孩子，傑易說：「比爾幹的！」比爾因為傑易的作證而被判罪受罰。有很長一段時間，比爾真的很生傑易的氣。他和他的朋友排斥傑易，以致他因為所做的，在社交上吃盡苦頭。

幾年以後，我問傑易為什麼他當時要那麼做。傑易並非

老師的寵兒或為了拿到什麼好處，他只是不同意比爾被人包庇。「比爾是我的朋友，」傑易說：「但是我認為對就是對、錯就是錯，我不認為替他撒謊會帶給他什麼好處。」我很欽佩傑易的信念，他冒著朋友會發怒的危險，從幫助他脫罪的行動中退出來。傑易分得清「幫助」和「救助」的差別。

學習作這種區分，是孩子在學習負責任的功課上最重要的課程之一。他是在「為」自己負責任，也在「對」別人負責任。他關心家人和朋友，願意出力來幫助他們，但責任感使他不去幫他們免受自己行動的後果。

要再說的是，孩子這種心態並非與生俱來。他們在極大的自我中心和對朋友的情義之間搖擺不定。他們不知道「為」自己負責任和「對」朋友負責任之間的區別，尤其是在朋友的關係裡面，孩子通常把關心和保護混為一談（例如，孩子可能會要求朋友替他站出來，即使他是錯的）。

這類的困惑是發展過程的一部份，亦即，孩子長大與家裡面的生活分開時，便開始發展其他的社交系統和結構，作為離家前的準備。尤其在青年時期後半段，他們的生活重心是在家外面，而不是家裡。這個過程包括與朋友相連，以及反抗父母。他們認為父母不了解他們的感覺、問題、戀情，也聽不懂他們的音樂，因此他們和心靈伴侶形成緊密的朋黨，花時間在一起分享看法、感覺和祕密。

這對孩子是好事，然而，當你容許孩子在合理的範圍有自己的生活和朋友的同時，還是要讓他知道「負責任的法則」

同樣適用於他的夥伴和家人。孩子需要經得起不說出「誰在吸毒」或「誰考試作弊」的強烈社交壓力；同樣，他們也需要學習如何對朋友要求他替他們解決問題、處理他們的情緒、讓他們快樂……之類的事說「不」。

孩子不是從書本上學來這些，而是在家裡學會「關心」和「救援」之別。當孩子看到媽媽、爸爸、和他的兄弟姐妹並不需要他像父母那樣來照顧他們，他就學會可以愛別人但不需要為他們負責任。他可以自在地進入一種關係裡面，知道他可以順從「同理心」的原則行事，但也可以向對他不利的事情和別人的重擔說「不」。你要讓他膝蓋擦破皮後，自己站起來去拿繃帶來貼，不需要衝過去摟抱他；讓他看到你有個很糟的一天，但是知道你會照顧自己。

當你幫助孩子學會區分「關心」和「救援」時，他也就學到如何選擇不需要別人為他接收問題的人來作朋友──這種朋友是有好品格的人，是你的孩子不必擔心跟他說「不」就會絕交的人。

孩子會包庇其他孩子的主要原因，在於他們以為那是保有朋友的唯一方法，你要幫助孩子選擇比這類朋友更好的人。每當我從廚房窗戶看到孩子和朋友在後院玩，對朋友要做的事敢表示不贊同時，心中總是默默地向主獻上感謝。他們所選擇的朋友，多半不會在別人不同意時就變臉。我們的孩子需要和這樣的朋友交往，並且一輩子保有這樣的朋友。

我們很容易不知不覺地讓孩子去包庇人，而使他對「負責任」產生困惑。例如，孤單的父親或母親經常會讓孩子成

為他的心腹，認為：我女兒和我作最好的朋友不是很棒嗎？我可以跟她說出所有的問題，她也可以跟我說出她所有的問題！

事實上，當你讓孩子來作父母時，就是冒著讓他以這種方式來處理所有人際關係的危險。我們看過上百的人，他們在互信的婚姻關係中，是「給予者」和「接受者」的結合。許多時候，給予者的孩提時代多半是處在下面的情況：

• 和孤單、很有需要的父親或母親生活在一起，或

• 和需要別人幫助，失控的父親或母親生活在一起，或

• 和把「自己及孩子的需要」混為一談的父親或母親生活在一起

我們養兒不是為了防老，不要把孩子當作我們的養老金、社會福利、醫療健保，他們是為上帝和為自己而活的人！能夠讓孩子知道你的軟弱和失敗是件好事，因為這是他們學習「成人並非完全」的方法，但是指望孩子來滿足你的需要卻是另一回事。

你不應當讓孩子來承擔你所受的傷害，例如，依賴他來安慰你的痛苦，或作你的最佳伙伴。你要找成人來滿足這些需要，因為你的孩子單是要好好成長，就忙不過來了。同時，你也要幫他學習在「包庇」和「注意家人及朋友真實的需要」之間取得平衡。

要能夠去愛人，始於先得到別人的「同理心」，然後他才了解我們的本份是去尊重和關懷他人。

幼小、軟弱的孩子怎麼可能有這麼多力量來駕御成年

人？如果你在超級市場看過被失控的孩子擺佈的母親，就可以觀察到這種進退維谷的情況。

下一個界線的法則就是要探討這個議題：幫助孩子擁有真正的力量，並放棄不應該擁有的權力。

第六章

非全能也非無助

能力律

在我（約翰·湯森德博士）七歲時開始讀《湯姆歷險記》（Tom Sawyer），我知道那是逃家的時候了，因為我討厭父母和兄弟姊妹，我知道沒有他們我也活得下去。因此，在一個禮拜六，我找到一根棍子和一條紅色大絲巾，把我基本生存所需要的家當：花生醬三明治、手電筒、指南針、小球和兩小張綠色塑膠製的陸軍行動圖，打包起來。

我下午離開家，走過兩個路口，到樹林裡去，毅然決然地向著其他男孩沒去過的地方跋涉前行，樹叢越來越濃密，沒有路可走了。我吃了三明治，然後，天黑了，我聽到一些聲音，是該回家的時候了。我記得走回家的時候，心裡在想：「真是差勁，我不想回家，也沒有人要我回家，但是我卻必須回家去！」我在那裡想做個有能力又獨立的人，但面對的，卻是自己的無能為力。

孩子和能力

大部份的孩子在某些時候都有類似的經驗，他們認為自

己是強壯、不受限制的大人，他們在自以為全能的幻想中過度自信、狂妄。如果作父母的在那時沒有干預上帝的行事法則，孩子就會面對「自己不像所想的那麼有能力」的現實世界，他們必須在生活上做調整，然後從那個經驗中成長。他們會「順應現實」（精神健康的定義），而不是「要現實來順應他們」（精神有病的定義）。

要培養適當的界線，孩子需要有力量，或有能力來控制某些事情。能力的範圍可以從完成拼圖、表演舞蹈、解決衝突、到順利發展友誼等等，孩子在世界上的生存和成長，是根據下列以現實為本、適當的評定而來：

• 有能力和沒有能力去做的是什麼。
• 所能控制的事情，能力範圍到什麼程度。
• 如何適應那些無法控制的事。

例如，我沒有能力「不需要回家」，所以我必須適應自己的缺乏能力，承認我還是個小男孩的事實。但是我還有能力來「對自己需要家人覺得很不高興」——在這一點上，我至少還有點能力在那兒！

我們可以從嬰孩和父母的關係，來觀察「孩子」和「能力」之間的矛盾。嬰孩一出母腹之後就完全無助。事實上，人類的嬰孩無助的時間，比任何動物的幼雛期都來得長久。然而，他卻可以運用無盡的力量來駕馭父母。父母要配合嬰孩的需要，重新安排工作時間表、家庭生活，以及固定的睡眠時間。他們要非常溫柔地抱著他，對細菌產生恐懼症，還要安裝監視器在他的臥室裡，以確保他仍在呼吸。有很長的

一段時間，他是父母生活的中心，然而，如果你能夠和他溝通的話，他不會說：「我讓這個家團團轉」，可能反倒會說：「我一點能力都沒有，什麼都控制不了！」因為他在不愉快時，會驚慌、無助、發怒；在愉快時又感到安全、溫暖、被愛，他常在這兩種狀態下搖擺不定。

在這種無力的狀態下，孩子沒有能力勝過自己，因此，上帝設計了一套系統，讓父母給他力量，並為他犧牲，直到他成長到足以發展出個人的能力感。

能力、無能及界線

學習適當地運用能力，會幫助孩子培養界線，成熟的人知道他們有能力勝過的是什麼，無法勝過的又是什麼，他們在首要的事上投注心力，放棄次要的事情。孩子需要知道他有能力去做的是什麼，沒有能力去做的又是什麼，以及兩者之間的區別何在（改寫自「靜謐的禱文」Serenity Prayer）。

孩子並非一開始就了解根據現實而來的能力是什麼，他們認為自己可以一躍而上高樓大廈；他們高興興地跳進海裡，自認為能馴服海浪；他們全然期待你和他的朋友都像他一樣看待生命。

這裡存在的第一個問題是，孩子一直都企圖獲取能力來駕御不屬於他的東西，但他是無法在不屬於他的產權上畫界線的。他企圖這樣做的時候，真正的主人最後就會來拆毀他的籬笆，這也就是他去欺凌弱小時會發生的事。如果那些孩子很正常，就會起來防衛或只是走開不理他，但那個自以為

無所不能的孩子，就會困在長期自設的圈套裡頭，要不就是徒勞無功地企圖控制他所不能的事，要不就是找到軟弱的人來幫他維持錯覺。

典型的成人個案，就是控制型的丈夫和依順的妻子。丈夫認為有能力來控制妻子的生活，而妻子也贊同地參與在這個錯覺裡面來和他相處，不會用「你不能控制我」的態度來和他對抗。一個從未在能力的限制上屈服過的孩子，將來就會成為這種控制型的人。

孩子所面對的第二個問題是，他想要控制無法控制的事情時，就削弱了他的能力以致無法操練已經擁有的能力。他那樣地注重前者，以致忽略了後者。在上述的例子裡，孩子若投注心力在「要」朋友來做他想要的，就會忽略控制自己、學習接受自己的選擇、適應選擇所帶來的後果、因願望無法達成而感到傷心等等。上帝給我們能力，不是要人去做想要做的，而是要我們去做好的事情、對的事情。

事實上，學習接受自己的無能為力，對孩子有深刻的屬靈含意。我們接受人類景況的真實性時 —— 即我們至終無力改變墮落的狀態，卻要在其中負完全的責任 —— 就會驅使我們接受上帝對「人不能償還罪債」所用的解決方法 —— 讓祂的兒子為我們償付贖價。一直認為自己無所不能、從未認清自己會全然失敗的人，可能很難看到他需要救主，這種人容易有「我只要再努力一下就可以了」的傾向。然而聖經教導我們，「無助」是被祝福的，「因為我們還軟弱的時候，基督就為罪人死」（羅馬書五6）。

什麼是孩子的，什麼不是孩子的

作父母的都有和孩子「權力鬥爭」的鮮明記憶。在數不清的情況底下，孩子堅持他們的無所不能，例如，做家事的方法、穿衣服的風格、他該享的權利、你給他的限制、他交往的朋友等等。你的工作就是幫助他整理出他可以作主和不可以作主的是什麼，以及他可以運用的能力範圍到哪裡。也要記得，你可能不會有樂意上這些課的學生，就像成人一樣，孩子不喜歡人家提醒他們限制在哪裡，也可能想要給那個傳達這種信息的人一槍。當你要開始上帝所託付的神聖任務時，臉皮要厚一點才行。

勝過自己的能力

首先，孩子需要了解，他能做什麼，不能做什麼。下面的表格列出了相關的重點：

我沒有能力……	我有能力……
不靠別人就生存下去。	選擇要依靠誰。
做任何想做的事。	做我能夠做的事。
避免承受後果。	調整自己，把所要承受的後果減到最低。
避免失敗。	接受失敗，並在其中學習和改進。

拒絕依賴

孩子不喜歡人家提醒他，說他除了自己以外還需要別人，他們想要自己作決定，解決自己的問題，不要請你幫忙或支援。他們那麼想要獨立自主，以致常常在讓父母知道怎

麼回事之前，就已經陷入嚴重的麻煩裡面。

有兩種「依賴」通常會讓人混為一談。「職責上的依賴」是有關孩子拒絕去做生活中他該負責的任務及工作，這意謂著他想要別人替他處理他該做的事。例如，一個青年人跟父母要錢去花，而不去打工賺點零用，你不要讓這種「職責上的依賴」成為可能，而是要讓他感受到「破產」的煩惱，才有助於他去找工作。

「關係上的依賴」是指我們需要與上帝，以及與他人連結的需要。上帝造人的時候就設計了這種關係上的依賴在我們裡面，做為我們賴以維生的燃料。傳道書四章10節說：「若是孤身跌倒，沒有別人扶他起來，這人就有禍了！」關係上的依賴驅使我們彼此卸下心靈的重擔、軟弱和需要，然後，當我們在這種有需要的狀態中感受到上帝和他人的愛時，內心就會得到滿足。

由於孩子的需要是那麼多，他們特別需要關係上的依賴，當他們一再地內化這些重要的養成關係時，要求就會減少；當他們將父母和他人所給的愛內化到心裡面時，就能夠生存下去。然而人一直到老死，都需要規律及深入地和情緒健康又會關心我們的人有所連結。

你需要助長並鼓勵孩子這種關係上的依賴。教導他知道，成熟健康的人需要其他的人，而非孤立自己。你的孩子可能對這兩種依賴的型態感到困惑，以為如果他要求別人的安慰和了解，就是個嬰孩。你要幫助他看到，需要愛並非不成熟的表現，反倒給我們所需要的力量去殺死巨獸。

你看你的孩子遇到問題，但他可能在自以為無所不能裡孤立自己，當你問他：「今天過得如何？」他總是給你老套的回應：「還好！」你要化解他的孤立，告訴他，你不是要教訓他，只是要知道他的感受。不是要讓他有錯覺，以為他不需要別人。

但是你還是要等他請你幫忙才幫他，如果你在孩子跌倒之前就跑過去抱他，他就很容易發展出一種心態，以為自己很有能力，不需要母親，因為他不用負起責任來請求幫助，你要讓孩子選擇去求人的幫助。我們知道要耐著心觀察和等候已經走入絕境的孩子來求援，是很不容易的事，任何有愛心的父母都會因此而心碎，但這是唯一讓孩子知道他需要支援和關愛的方法，他無法不靠別人而活。

在你的孩子學習需要他人的同時，要幫助他知道，他的人際關係不是完全無助的。也要鼓勵他表達意願、需要和對親近之人的看法。這在他和你的關係中尤其真實，雖然他別無選擇地作你家裡的一份子，那是你的決定，然而他可以選擇如何與你建立關係。

你要給他一些餘地來安排自己的步調，例如：何時需要你的親近、何時需要和你保持距離，當他顯然需要更多和你分開時，不要多管他的閒事或對他太過親熱，然而當他需要更多親密關係時，你不要離棄他。另一個方法就是，鼓勵他在家庭的活動時，分享他對這種關係的回饋，讓他有所投入，而他的投入也很重要，即使他沒有最後的決定權。

要求凌駕所有的選擇

孩子認為他有能力去做每件定意要做的事，沒有什麼活動的程度對他是太難。他們「無所不能」的錯覺，使他們以為自己有無限的時間和精力，以致對時間的限制和要「計算代價」（路加福音十四28）沒有概念。例如，孩子可能會這樣設計週六的遊玩計畫：

早上九點：玩足球

十點半：看電影

中午：吃熱狗

下午一點：去溜冰

三點：參加派對

五點：看另一部電影

在這種事上，孩子需要你的幫助。他們容易太過高估自己，以為有能力駕馭自己的精力、時間和活動計畫；他們會因為過度自我承諾，然後卻因為事情太多而做不了每件事的膚淺經驗，而產生界線上的問題。

我有個朋友小時候就是這樣，現在她已經為人妻、為人母了，卻發現自己還是像在拉手風琴一樣，想要把時間盡量拉長。她認為自己可送小孩上學後，去逛街買東西，再和朋友喝咖啡聊天，然後在吃中飯以前把家裡清理乾淨，結果發現自己匆匆忙忙，充滿挫折感，還習慣性地遲到。現在她試著對付這種「自以為足以做想做之事」的錯覺。

你要就著孩子的年齡和成熟度，幫助他設立系統來建立時間和精力的界線，並讓他知道，同時做太多事情就會出毛

病。例如，你讓他做個實驗，設計一份比你真正要求還多的
計畫，其中包括：

- 在學校得到平均中上的成績
- 四個晚上在家和家人在一起
- 上床之後在某個特定的時間要睡覺
- 沒有顯出緊張或壓力的現象

　　你要讓他自食其果，這樣的話，是「他」而不是「你」
在選擇他的命運。我在高中的時候過分投入於學校的課業、
社交的活動和運動之中，結果開始顯出緊張和疲倦的現象。
有一天晚上爸媽和我坐下來，跟我說，他們認為我得了淋巴
腺熱（Mono），我完全沒有留意到自己病了。但是我一直很
感激他們讓我盡所能地往前走，讓我的確經驗到，我並非無
所不能地可以控制自己的時間和精力。

逃避承受後果

　　你的小天使會掩飾他那犯罪的心思，認為自己有足夠的
能力來逃避行動的結果。這種想法是很自然的，因為亞當和
夏娃就是以為他們可以逃避上帝的面！孩子會用操縱、撒
謊、講理由和曲解事實，來逃避懲罰。

　　孩子需要透過控制自己的行動來避免後果，當他們認為
可以逃避被逮時，就不會注重自我的約束，而是著重在如何
逃脫，結果培養出來的不是成熟的品格，而是病態的性格。

　　你要讓「誠實」做為家裡日常教化的基準，對不誠實要
設下強硬的限制。在所有「不順服」的後果裡面，要把欺騙

的後果定得最爲嚴厲；而任何順服的言行當中，要給予「誠實」最佳獎勵。當孩子坦白承認他的欺騙行爲時，要爲他慶賀，他需要經驗到「活在欺騙的黑暗中，比活在揭露一切的燈光下，來得更爲痛苦」的現實，這會幫助他從以爲「有能力逃避收所種之果」的錯覺中出來。

我知道有個家庭設下這樣的規定：如果自己坦承撒謊，會有某種程度的懲罰；但如果是別人先說出你在撒謊，則懲罰就更嚴重。由於花言巧語的狡辯者就是有這種既存的問題，我朋友的這種做法，正好符合美國今日的法律系統——即違法的人如果自首的話，比那些犯罪被逮的人從寬處理。

逃避失敗

天生就是完美主義的孩子，很不喜歡被人提醒：他們是始祖墮落之後的產品。他們總是認爲有能力去避免做錯或失敗。孩子需要學習爲他所失去的完美傷心、接受他的失敗、並從中有所學習和成長。成長的人沒有別的選擇，要不就是否認你的錯誤，並一再地重複這種生活型態，要不就是承認它，並且想辦法解決這個問題。

要開導孩子，不要讓他存有「我可以躲避失敗」的觀念，要讓失敗作他的朋友。你可以和他談到自己在工作上或在家裡所做過的蠢事；而家人指出你不留心所做的其他糗事時，也不要去辯護。要留意不要給孩子印象認爲你喜歡他完美表現的那一面，勝過他那平凡、有缺失表現的一面。你和朋友談到他的時候，除了講到他的成就之外，也要包括他懂

得承認自己失敗的那個特點。這些話都會回到孩子那裡去的。

控制別人的能力

你除了要幫助孩子放棄那種「以為能夠完美地掌控自己，不致失敗」的錯覺，也需要幫助他不要有那種以為可以控制別人的妄想。還記得那個無能又充滿能力的嬰孩畫面嗎？這是孩子的起步－除非你加以干預，他是不會停止的。你為孩子所定的目標，就是讓他放棄自以為可以控制別人的想法，而集中心思來控制自己。請記得聖靈的果子就是「節制」（控制自己），而不是「控制別人」（加拉太書五23）。

嬰孩大部份的時候都需要父母，要求也很多，不這樣的話，他們也無法生存下去。但他們長大一些的時候，就會發展出對別人足夠的基本信任，並對自己解決問題的能力有足夠的信心，以致不是那麼迫切地需要駕馭媽媽和爸爸。然而，孩子仍然持有一種想法，認為可以叫別人來做他們想做的事。他們需要愛和鼓勵來負起責任，在自以為的「無所不能」裡受到限制，而你，是這些要素的代理人。

我的兒子瑞奇在上學前班時，有個最要好的朋友大偉，整天和他形影不離。有天晚上吃飯的時候，瑞奇很傷心地告訴我說，大偉有了個新的朋友安迪，大偉和安迪現在都玩在一起，他覺得被人離棄，而且很孤單。我和他一起商量解決這個問題的辦法。

「你為什麼不告訴大偉你的感覺呢？」我建議。

「我可以啊。」

「你認爲應該跟他說些什麼？」

「我要說：『你一定要喜歡我！』」

這就是孩子的想法，他們要不是害怕，要不就是想做別人的上帝，自認有能力控制家人或朋友。底下的例子，說明孩子如何試圖控制別人，以及你該有的回應：

試圖控制他人	你的回應
如果我哭得夠久，就會得到玩具。	你用講的再跟我講一次，我會決定要不要買給你，但是哭的後果必定是「不給」。
我可以把朋友推開。	他們現在似乎都在避開你。我們不能再邀人來家裡，要等到我教會了你怎麼對待朋友，把這個問題處理了再說。
現在我如果既有禮貌又肯幫忙，就不必為上次犯的錯被困在這裡罰坐。	我很高興你現在的態度很好，但你還是要坐在那裡，等到處罰的時間結束為止。
我可以不必理會你要我清理房間的要求。	我不會再跟你多講一次，你只有十五分鐘的時間，過了時間，你就會失去和朋友玩的機會。
我可以用大叫和生氣來威脅你。	你的怒氣的確會擾亂我，這是件大事情。所以，等你能夠適當地用尊重的態度和我談話，否則所有權利都要暫停。
我的怨恨會毀掉你。	你的確是會讓我不舒服，又傷害到我的感覺，但是你的恨意對我沒有損害或是會讓我走開。

你用這樣的方法，就是在幫助孩子放棄他們想要控制你或控制別人的願望。在教養孩子的任何事上，你第一次給這種回應時，他們可能不會相信你，而那些情況也會再次發生。他們在第二次或第三次的時候，還會試圖抗拒你給的限制，不但不相信「你真的會這樣做」，可能還加上憤怒。你要堅持下去，孩子認知了你的界線當真時，你就可以更冷靜地和他們討論這件事。

如果這個過程產生功效，孩子可能會開始對他無法掌控人際關係的世界而覺得難過。這種難過對他是有好處，因為會讓他放掉不合乎實際的願望；然而，你也要幫助他看到，即使他不能控制別人，他也不是無助的，他需要學習去「影響」別人做他認為重要的事。「控制」和「影響」是兩回事，前者是否定別人的自由，後者是尊重這種自由。

你要告訴他：「如果你不同意我做的某些決定，只要是以尊重的態度提出來，我都會歡迎你的意見和提議。我會以開放的態度來聽，但是，我考慮你所說的建議之後，你還是要樂意接受我的決定才行。你必須以行為來贏得被聆聽的權利。」

受傷的父母

如果孩子直接向你發洩怒氣或任性而為，可能會很傷你的心，因為你和他的關係親密，他有辦法來讓你不好過。然而，你要放掉「想要操縱孩子來顧念你的感覺」那種試探。例如，有的父親會跟孩子說：「如果你大吼大叫，會讓媽媽

傷心,她需要你幫助她快樂起來!」這只會加增孩子的無所
不能感,製造出其他更嚴重的問題,因為這樣做是:

• 把孩子放在作父母的角色。
• 製造孩子不必要的罪疚感。
• 影響孩子使得他輕視父母的脆弱。
• 把問題變成是父母的感覺,而非孩子該承受的後果。

　　同時,孩子需要了解,他的確是傷了你的心,你很不喜
歡。這會在孩子心中建立一種體恤別人的責任感。我們都需
要知道,我們會傷害所看重的人,如果在生活中繼續這樣下
去,就會在交朋友和維持人際關係上出問題。這會引導孩子
為自己會影響別人的能力來負起責任。

培養能力的原則

　　你和孩子討論「什麼是他們所擁有的」,以及「適應別人
所擁有的」這個問題時,有個基本觀念要謹記在心,我們要
用如下的圖表來作小結:

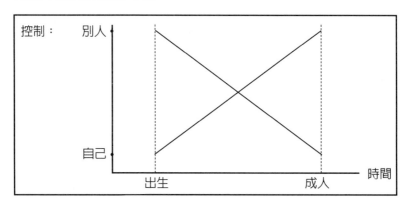

孩子進入這個世界時，幾乎沒有任何能力來控制自己，為了補償，他會盡全力來控制他的父母。你的工作就是逐漸增加他控制自己的能力，減少他想要控制你和控制別人的能力。

不論如何保持聯繫

你所從事的事業，是在除去孩子自以為無所不能的想法，幫助他擁有真正的能力來控制屬於他的那一份。在他的心裡面，你是在拿掉某些他所需要的東西，為了幫助他忍受這個過程，你在情感上需要與他同在——同情他覺得無助的恐懼感、他對無法控制朋友的反應而有的挫折感，以及他對失敗的擔心。當你在處理他控制你的企圖時，「同理心」尤其重要。告訴他：「在經歷這個過程時，我可能會生氣或受傷害，但我不會走開，無論如何我都會在這裡——即使我不同意你，也是一樣必須為你設界線。現在就讓我們開始進行吧！」

不要作全能的父母

幫助孩子透過接受你的能力有限，來接受他有限的能力。你可以向孩子承認自己的失敗、軟弱和限制，但是，除此之外，還是要顯出你所具有的能力。你若要這樣做，就要盡量給孩子愈多的自由、並愈少的控制愈好。

在緊急情況下對很小的孩子說，「你馬上給我停下來！」——這種命令有時候是必須的，但最好是說：「我不能強迫

你停下來,但可以告訴你,如果你不停下來會有什麼後果!」
然後,不要給個空洞的威脅,要跟進所說過要給的後果——
那是你真正能力所在。你無法強迫孩子守規矩,但可以提供
選擇和後果,來幫助他作正確的抉擇。

作個能自由做決定的父母

作「不受控制的人」,意思就是,作個「不讓孩子的反應
來左右你選擇」的父母。你在乎他的感覺和意願,是因為你
愛他;但你是家裡的元首,你在做你認為最好的選擇,是因
為你在向更高的元首負責(哥林多後書五10)。

我看過有些父母在孩子一反常態的時候,就對自己所做
的決定猶疑不決。他們不是根據價值觀,而是根據衝突的處
理來行事。這會讓孩子斷定他們有極大的能力來控制父母,
事實也是如此。

如果你不確定是否要答應孩子的要求,只要簡單的說一
句「不可以!」因為你不能打從心底說「可以」的話,就會
給得很不甘心或很勉強(參考哥林多後書九7)。此外,要記
得,先說「不」之後又改變心意說「可」的父母,在孩子的
心目中是英雄,但是說「可」,後來又說「不」的人,是個背
信者。

作個「自由」的父母,也意味著你對孩子想要駕馭你的
詭計不予回應。如果你需要孩子用某種特定的方式來表現規
矩,就是給他機會來駕馭你,例如,孩子知道用某種聲調和
怎麼稱呼父母,就會讓父母覺得刺耳,或是覺得窩心和慷慨

寬大。

　　很多作父親的，只要女兒一耍「和世上最棒的爹地撒嬌」的把戲，不想寵她的決心就給融化掉了。關鍵在於，你不要求從孩子得到感激、支持、尊重和了解，只要求他達到特定的行為標準。不是因為你需要他這樣做，而是他本來就需要這樣做。你要從生活中的其他人來滿足需要，讓孩子和你在一起的時候，完全作他自己，然後你們才能夠一起合作，來磨平他粗糙的稜角。

幫助孩子擁有自理能力

　　要記得，作父母是個暫時的工作，當孩子在你照顧下成長時，你已經投注了受託人的力量，等他逐漸能夠負起責任時，你應該把他生命的韁繩交給他。從某一方面來說，「我永遠是你的父母」這句話是真的，在另一方面卻未必盡然。你永遠有那個天賦的權利，但不是永遠有那個責任。你的目標是在兩個成人之間建立相互的感情，而不是永遠不變地居他上風。

　　祕訣在於，你要知道如何讓孩子走出他的安全地帶，但又不超過他的成熟度；讓他伸展，但不要折斷他。我記得剛開始上大學一年級的時候，打電話給父母：

　　「我應該選什麼課？」我焦慮地問。

　　「你高中的平均成績是多少？」父親問我。

　　「還不錯啦！」

　　「好，如果你夠聰明到能夠進大學，我敢打賭你也會夠聰

明到想出要選什麼課。」這花了我一整個學期的時間，從課程的摸索和差勁的成績，學到如何選擇對我有意義的課程。但是我真的學會了，也開始享受大學生活，因為我為自己的決定負起責任。爸爸，為那些挫折，我要感謝你！

限制無所不能感，鼓勵自主

孩子需要知道不能每件想做的事都去做，但這並不代表他們必須做你或任何其他人的奴隸。他們需要發展自主的感覺，或是能自由選擇做決定的能力。你不要落入「拿走孩子所有能力」的錯誤裡面，因為他們需要所有可得的真正能力，例如，三歲的小孩可以在特定的錢數和安全指數之下，到玩具店選一個特定的玩具；青少年也應該在某個特定的範圍之內，有能力選擇朋友、衣服和音樂。

你是孩子學習「無所不能」和「自主」之別的實驗室。他們會在兩個極端之間來回，你該做的就是幫助他們發展健康的自制能力。

盡可能讓孩子參與在與他有關的決定裡面，以不違反親子界線的原則（即，不是讓他成為處理你問題的同輩或心腹），來和他討論學校、教會、經濟和一些問題。問他的意見——尤其是在關係到他，以及有關你定的界線和後果這類事情。聽他說，如果他講得很有道理，就採用他所提的，調整你已經採取的某些立場。你這樣做，不但不會削弱你的權威，也會幫助他覺得自己不像個孩子一般。

有時候讓孩子設定自己所要承擔的後果，也是很好的學

習經驗。孩子常常比你還嚴格地要求自己！然而，萬一他要求你給恩典多過他要負的責任，你要保留最後做決定的權柄。

結語

「能力」會醫治也會傷害孩子，他需要出於現實的自制能力，也需要放棄渴望「擁有絕對的能力來駕御自己和人際關係」的意願。合乎現實地了解真正的能力，會提供他尊重所設定的界線根基並持守之，幫助他培養寶貴的「剛強、仁愛、謹守的心」（提摩太後書一7）。

然而，當孩子用他的能力去侵犯別人的界線時，父母該怎麼辦？讓我們用下一章「尊重律」來討論這一點。

第七章

我非「唯我獨尊」

尊重律

你還記得把學步兒留給褓母的時刻嗎？有多少次你從孩子的表情得到如下的反應：「好吧！爸爸媽媽，我可以了解你們真的需要一點時間留給自己，不要我待在身邊。我一直很希望你們這樣做，你們真是應該多為自己想一想！祝你們有段愉快的時光，一點都不用擔心我，我需要學習照顧自己，並且尊重別人的隱私和需要！」

或者，你曾經從八歲的女兒聽到這樣的說詞：「哦，媽媽，我了解，雖然我真的很想現在就吃冰淇淋，希望你在『31種口味』冰淇淋店停一下，但是我了解現在回家對你而言非常重要，我們就照你的意思做吧！」

或是，青少年的版本：「我可以了解為什麼不能去參加滑雪旅行，因為給我錢去參加那趟旅行，會讓家裡的經濟預算吃緊。我會去替鄰居做點零工，自己賺這筆錢。」

聽起來很耳熟嗎？恐怕沒聽過吧！在上述說詞裡面的共通點就是——尊重他人的存在、需要、選擇和感覺。這種對他人的尊重不是與生俱來，而是學來的。你曾經和不能尊重

你界線的成人相處過嗎？那是很累人也很困難的事。學習這項真理對你的孩子非常重要，因為他們如果沒有在尊重他人的界線中成長，將來就會充滿痛苦。

　　每個孩子一生到世界上來的時候，都想要事事順他的意，很少顧慮到別人的需要，不僅要「事情」順他的意，還要「人」也順他的意；不僅要為自己定所有的規矩，還要左右別人的生活、產權、感覺和自由。

　　簡言之，他進到世界上來，認為其他的人只是為了他而存在，不必有他們自己的生活。你的任務——也是這一章的主題，就是來矯正他這種不尊重別人界線的天性。

尊重別人的界線

　　孩子要能夠尊重別人的界線，和人好好相處，必須學習如下幾件事：

1.不傷害別人。

2.尊重別人說「不」的權利，而不粗暴地對付他們。

3.尊重一般的限制。

4.能夠接受別人與他分開。

5.當別人的界線讓他無法得到想要的，他會難過，但不會發怒。

　　孩子生到世界上來的時候，不會做上述這些事情，因此，教導他這方面的功課，正是非你來做不可的工作。

好的功課：不傷害人、
不侵犯人、不粗暴地對待別人說「不」

我們在第三章提過，教導孩子尊重他人最好的方法，就是你自己要有好的界線——亦即，不容許自己被人不尊重地對待。身爲父母的你自設的界線，就是孩子所要「內化」的界線。孩子如果不尊重你的界線或限制，當別人說「不」的時候，他們就不會尊重別人和別人的限制。你若不這樣做，他們就學不到這一點。

下面是個實例，讓你看看十一的歲男孩比利怎麼不尊重他媽媽的限制：

「媽，我要去喬易家玩曲棍球，待會兒見！」

「不可以，比利，你不可以出去，現在是你做功課的時間。」

「媽，別這樣嘛，大家都出去玩，我可以晚一點再做功課啊！」

「比利，我知道你想出去，但是我們已經約定過，你如果去游泳，就必須在吃晚飯以前把功課做完。」

「對啦，但是我可以吃完飯再做啊！」

「約定就是約定，我不要再多談！」

「你是個大笨蛋，什麼事都不懂，你是個大－肥－豬，笨蛋！」

如果這些話聽起來熟悉，不要煩惱。當你開始設定界限的時候，正常的孩子都是很自然地討厭這些限制的。你的考驗就是，孩子表現出不尊重及厭惡的態度時，你該怎麼辦？

孩子會有不尊重你的態度出現，這是很正常的，但讓它持續下去就不正常了。糾正的方法在於同理心、矯正，然後要他知道後果。

同理心和矯正

- 比利，我很了解你真的很失望，但是你不可這樣跟我說話。你不可以叫我「笨蛋」，這種用詞很傷害我。你要難過、要生氣都可以，但我不准你這樣罵人。

- 比利，我了解你很不高興。但是當你叫我「笨蛋」時，你想我會有什麼感覺？（等他回答，讓他想想別人的感覺），如果別人這樣叫你，你會有什麼感覺？你希望別人這樣對待你嗎？

- 比利，我聽見你在罵我，若你以更尊重的態度和我說話，我很樂意傾聽。我不會聽一個叫我笨蛋的人說話，如果你對某些事不高興，請你換個方式來跟我說話。

- 比利，請你想想看你剛才說什麼話，好好地再講一次。

　　如果你糾正他以後，他向你道歉，充分地自我調整，並且悔改的話，這個孩子就學到「尊重」為何物。如果他不道歉、不後悔，也不糾正自己，或是，這已經變成他說話的模式，那麼就應該讓他承受下面這些後果。

後果

- 比利，我告訴過你不要那樣對我說話，我不聽你那樣說話，是因為它傷害到我的感覺。所以請你現在到房間去，

想想看有什麼更好的說話方式。

- 比利，在你能夠停止這種諷刺的言辭之前，你可以到別的地方去，我不想聽，請你走開。

- 比利，你如果用這麼惡劣的態度來煩我們所有的人，我不知道你在外頭會做出什麼事來，你最好待在家裡，好好地想想怎麼樣對人講話會更得體些。

請注意，我們要盡可能地將後果和他對人的侵犯連結在一起，因爲這是一種關係上的侵犯。比利行事的方式是別人所不喜歡的，因此，至終的結果就是因他的行爲而失去與別人接近的機會。

也請注意，比利無法把事情變成「媽媽失控」的問題，因爲他媽媽只是說出她的限制，以及後果是什麼，既未羞辱比利也沒有輕視他。她只眞實地道出比利所做之事，也讓比利保有他的選擇權，如果比利眞的要作這種選擇，他可就愚蠢了，因爲母親已經把所要付的代價清楚地告訴他了。

她保留了比利的自由和選擇，也在過程中仍然愛他。「自由」、「選擇」和「負責」這三個要素，在人際關係裡面都被保留了下來。比利也從中發現，拙劣的人際關係行爲所帶來的後果是：

1.傷害到別人。

2.要爲人際關係付上代價。

你要盡可能地保持自我控制，因爲這就是界線所在。這個過程要能夠有好結果，需要有三件事：首先，你不要讓自己受人謾罵，因此當比利用那種方式跟你說話時，你身爲有

好界線的人，要對所聽的話設下界限。然後，當他想要那樣說話的時候，就沒有人聽他說話（這對亂發脾氣的幼童同樣有效，告訴他們，他們想生氣的話可以，但要在自己的房間生氣，你不要聽到那種吵鬧的聲音）。

其次，你的孩子學到，他的行為傷害了別人。大部份的孩子並不喜歡去傷害人，他們會反抗規條和限制，但了解什麼是「痛苦」。你要向他表示，他所說的話很難聽，而且讓你聽了很難過。你這樣做，就是開始在教導他根據同理心而來的、道德上的金科玉律——愛鄰舍如同自己（馬太福音廿二39）——這條以留意、關心別人感覺為本的法則。

「要待人如同希望別人如何待己」的想法，包含了「知道自己的行為給別人什麼感覺」，孩子很快就可以了解，他們不希望別人用某種方式來對待他。但是你不需要用讓他內疚的語氣來教訓他，只要以探測性的語氣對他說：「如果有人在學校對你這樣說話，你會有什麼感覺？」要他想個答案，然後說：「當你這樣跟我說話的時候，我就有這種感覺，我也不喜歡！」

第三，如果他沒有改正那個行為——雖然一開始可能還沒有辦法改正——就必須讓他付一些代價。要他付上關係性的代價可能會管用，換句話說，由於他傷害或不尊重某個人，因此，要他付上「減少和這人在一起的時間」這種代價。你叫他走開；在他用那種方式行事時，不和他互動；告訴他，你認為他需要一些時間想想有什麼更好的方法來和你說話，你才會聽他。

「行爲惡劣」等於「你自己一個人去做惡劣的行爲」；「行爲得當」等於「有人會傾聽你說話」。你可以聽他的「生氣」，但不聽他的「惡言惡語」。

對待別人又是如何？

同樣的原則適用於對待除你之外的別人。一般而言，盡可能不要涉入孩子之間或孩子與其他成人之間的爭吵，他們需要學習如何自己解決這些爭執。這也會避免孩子玩三角關係，拉父親或母親來反對對方，或利用父母來反對家裡以外的人。

瑪莉的十三歲兒子史帝芬在態度上出現問題。有一次，史帝芬和幾個朋友在後院玩，瑪莉聽到男孩子們在爭吵，也看到了史帝芬惡劣的態度又冒出來。這雖然讓她看了很傷心，但她還是按下了要去糾正他的衝動。在以前，她會插手，試著作「和事佬」，在史帝芬與朋友或與兄弟姊妹爭吵時幫他一把，但是這一次她決定讓史帝芬自己去解決。

很快地史帝芬自己一個人進到屋子裡來，他很安靜地進去房間扭開電視機。瑪莉想要跟他談話時，他似乎不太想講話，所以她推測他和朋友之間一定有事情沒搞好。

「你的朋友到哪裡去了？」她問。

「哦！他們回家了！」史帝芬咕噥地說。

「還很早啊，爲什麼要走呢？」

「他們走了就是了，就是這樣！」史帝芬答，想要避開進一步的談話。

「你確定？」

史帝芬看起來很傷心，瑪莉知道這個時刻對兩個人都很困難。在以往，她的工具箱只有同情而沒有界線時，她會想辦法鼓舞他，讓他覺得好過一些，但學會「同理心」和「現實」的準則之後，她做了個深呼吸，想要將兩者應用在眼下的情況。

「史帝芬，是不是發生了什麼事，讓傑斯汀和羅比想要回家去？」

很快史帝芬就和盤托出他要人家照他的意思行事的真相。然而，事實上，他並不想為這個爭執負起責任，反倒想要拉母親加入和他一起怪罪朋友：「那不是我的錯，他們不想做好玩的事，我們已經玩過那個遊戲啦！」

這一次瑪莉讓事實就是事實，只是同情他的痛苦。

「史帝芬，」她和藹地說：「你覺得心情很惡劣，因為你孤單一人。我發現你每次都要人家照你的意思去做的時候，就會有這種情形發生。你是可以要人家每件事都照你的意思，但是你的朋友不會想要和你在一起的，你如果懂得分享、懂得和人家商量，朋友就會願意和你在一起。我很了解自己一個人是很難過的，我也很同情你，所以，或許這是個機會讓你好好想想，是不是每次都照你的意思，對你是那麼重要的事？你可以每次都做你想做的，但如果選擇那條路，就會很孤單。」

瑪莉用同理心和讓他去感受孤單的痛苦，來讓「現實的限制」教導史帝芬尊重他人界線的功課。在一年之內，史帝

芬經過了幾次像這樣的痛苦之後，他放棄了堅持己見，終於懂得和別人分享了。

現實世界給孩子的教導，加上父母用同理心和限制來支持這個學習過程，就可以製作出「尊重界線」的最佳學習祕方。然而，對父母而言，要這樣做很不容易，大部份的父母都會訓斥或羞辱孩子，要个就是以責怪學校或責怪其他孩子來「解救」他。有智慧的父母讓孩子的世界教導他生命的功課，然後同情他的痛苦，之後，他就學會尊重外頭世界以及父母給的限制。你問問孩子要怎麼和老師解決他的問題，比替他到學校去罵老師、替他解決問題，或多半是在家處罰他來得好。

要留意的是，有時候遇到類似成人起爭執的情況，需要訴諸法律時，聖經的原則是，上帝的兒女去見法官之前，務必要盡力去了結紛爭（路加福音十二58）。當成人無法解決問題時，就會訴諸法律，讓法庭幫助我們和解，而那個和解可能包括了我們所要承擔的後果。對孩子而言，所要訴求的「法律」就是父母。父母有時候必須干預以解決紛爭，但唯有在孩子們盡了所有的力而不能解決時才這麼做。孩子必須學習尊重他人的所有權，否則就要付上代價來承受後果。請記得，如果你替他們解決所有的紛爭，他們就學不會你不在身邊時所需要解決問題的技巧。

尊重一般的限制

一般而言，「限制」在起初或在前面幾次都是不受歡迎

的。正如聖經所說：「凡管教的事，當時不覺得快樂，反覺得愁苦。」（希伯來書十二11）人性本來就是拒絕受限，因為它限制了人想要成為上帝的願望。當你對孩子說「不」的時候，他們不僅喪失了某些想要的東西，也發現自己並非主宰宇宙的那一位，這種發現比不讓他看電視還讓他苦惱。不要忘記，孩子反抗限制是很正常的。

當你在這種反抗當中不知道如何是好時，問題就來了。你會覺得要不就必須「保衛限制」，要不然就是對反抗加以處罰，其實這兩種選擇都無濟於事。請記得，如果你持守限制，這些限制就是現實、就是界線，孩子會因而尊重限制，因為它是「真的」限制，不會消失。

孩子反抗之後，現實還是現實，如果作父母的這種時候不介入上帝預定要做的工作，孩子就會放棄反抗，然後覺得難過，但會去調適自己。要產生這種情況，需要存在兩個元素：限制和關愛。如果兩者皆俱，孩子就能夠在非敵對的方式下內化限制的事實，而這些限制便成為他內在的制約、架構和節制。

如果你和孩子爭吵，或譴責他們，則「現實」就不再是個問題，你卻變成是個問題。此外，孩子如果沒有關愛的父母從旁協助他面對現實，而你又陷入和他爭論或責備他的景況，他就會有雙重的問題。他會拒絕內化現實，並且恨你，因為你和他對立。

讓我們來看看下面這兩種解決問題的途徑。第一種途徑使父母在孩子的反抗中進退不得，不知如何是好；第二種解

決途徑是以愛和限制來回應。

場景一

「凱西，不行，今天你不可以去看電影！」

「這不公平！瑪希雅都可以去看電影，我討厭你定的這個蠢家規。」

「凱西，你這種態度很惡劣，在做完我要你做的所有事情之後，最後一件就是停止和我爭論。」

「不公平！其他的小孩都去，就是我不能去！邁可出去的次數比我還多！」

「我這個禮拜讓你出去做了好多事，別再跟我提我沒有讓你做這一類的事，你忘了前天才出去過？」

「但是我今天就是要出去！你一點都不關心我！」

「我是關心你呀！你怎麼可以這麼說？我一向做的，就是開車載你從這裡到那裡、到處去，你怎麼能說我不關心你？你現在就給我改正你的態度，要不然整個禮拜都別想到哪裡去！」

場景二

「不行，凱西，你今天不能去看電影，你必須先做家事！」

「那不公平！瑪希雅都可以去看電影，我討厭你定的這個蠢家規。」

「你因為不能夠再出去看電影而有挫折感，我很了解。」

「但是我今天就是要去！你根本不關心我！」

「我知道你很挫折也很生氣，要玩之前還要先做事是很不容易的事，我也有同樣的感覺。」

「我討厭住在這個家裡，什麼事都不能做！」

「我了解，當你很想出去看電影卻不能出去，是很難過的事。」

「好啊，你既然這麼了解，就讓我出去啊！」

「我知道你很想出去，這很不容易，但是不行就是不行！」

「我如果失去這次機會，這個暑假就不會再有另一部試映片了！」

「那真不巧，要等到下個暑假可是太久了，我可以了解你為什麼這麼不願意失去這次機會！」

最後凱西對這種毫無結果的爭論厭煩了，她要不就是想辦法移動媽媽的限制，要不就是讓媽媽覺得挫折，結果媽媽兩者都不受影響，她沒有辦法，只好放棄，接受現實。

請注意，在第二幕場景中，作母親的並沒有為「痛苦的時刻」作解釋、替自己辯護，或羞辱孩子，她只是持守限制，並同情凱西的感覺。凱西沒有什麼好爭論的，媽媽也沒給她什麼申誡或處罰，只是給予關愛和限制。作母親的在設定限制時需要站在「同理心」這塊磐石上。

事實上，凱西並沒有興趣聽媽媽解釋理由，而這些解釋對她也沒有幫助，因為她真的很挫折也很生氣。媽媽知道，她只需要給予凱西關愛和同理心，且持守限制，那個限制就

會成為現實。當作母親的沒有讓自己的氣憤、丟面子，或為自己的辯護擋在路上時，限制就變成孩子真正的敵人，而不是她——母親變成敵人。她的同理心讓她免於與凱西演變成權力鬥爭。

如果父母不同情孩子的痛苦，就會惹出麻煩來。作父母的常常要不就是過份認同孩子的痛苦，而放棄對孩子的界線；要不就是對孩子的痛苦生氣，而打起仗來。

同理心和持守限制，是避免這兩種極端的解決辦法，你甚至可以用下列的說詞來武裝自己：

- 我了解你一定很受挫折。
- 我敢說你一定覺得自己很沒用，因為其他的孩子都出去玩了。
- 我了解，我也不喜歡做自己不想做的事。
- 失去你那麼期待的事，真的好可惜。
- 我了解，我了解，這很不容易。
- 我了解，我寧可打網球也不要洗碗，真的太糟糕了！

很快孩子就會得到一個畫面，他的反抗既未移動你的限制也沒得到你的反應——這是孩子在那個時刻的兩個目標，因為他想要兩件事：

1.改變現實。

2.讓父母感受到他的痛苦。

因此，你的工作既不是改變現實，也不是挫折沮喪，而是要堅定立場又有同理心。不要生氣也不要去處罰孩子，至終孩子不會再抗議而是面對現實，他會開始覺得他所能學到

最重要的事情，就是面對現實限制的感覺：難過。

面對現實時的難過和失落

當孩子不再抗議而面對現實，會出現難過的徵狀，並且開始棄械投降。我們每個人在面對限制時，都必須學習這樣做：接受「想要卻得不到」所帶來的失落，然後繼續往前行。學會超越反抗進而接受的人，就是學了一個最重要的品格功課：「人生就是會有難過的時刻，不能老是想要什麼有什麼，算我倒楣吧！現在我必須繼續走下去！」

你想到某個認識的成人，看到他的生活一直陷在反抗狀態而無法改變時，你就會了解那種從未學過這種功課的人是多麼可憐，他們之所以無法讓事情過去，可能因為孩提時代沒有學過怎麼為失去的東西感到難過。同理心伴隨著現實，會使人產生接受的態度，給人能力繼續向前。

對有些孩子，你可能需要在另一次沒有爭論的情況發生時，坐下來和他談談。例如：「我注意到有時候我跟你說『不』的時候，你很難接受，你願意談一談嗎？你認為我不了解，或不讓你做個夠嗎？如果我們兩人之間有什麼疙瘩，我希望把它講出來。我在某些地方傷到你了嗎？」但在反抗熱度正高漲時，不適合這麼做，那種時候只能給出限制和同理心。

尊重與所愛的人分開

能夠彼此自在地分開，在關係上是最重要的層面之一。

我們需要能夠尊重與所愛的人分開，這個功課始於幼兒期逐漸增加與父母分開的時間，反之亦然。當孩子被人擱在一旁，不給予即刻的回應時，都會哭鬧和抗議，如果作父母的對這種有意的分離不適當地屈服，而讓孩子控制他們的話，就是在教導孩子許多很不好的功課。如果孩子已經得到適當的餵養，也得到了足夠的連結和關愛，就需要學習忍受分離。他們大哭大鬧時，需要有人予以同情，然後離開，這樣他們就會學習接受自己是個獨立的個體，在與大人不得已分開時，能夠享受獨處。但這並不是說，要把有真正需要的孩子——尤其是嬰兒時期的孩子，放到一邊不予理睬。真正的需要總是必須有人回應。

孩子的需要得到滿足時，他也必須學習有時候要和所愛的人分開，這是正常生活的一部份。如果有同理心和有機會讓他去面對這種現實，他們就學會「分開」是不會有事的。

孩子也需要與你分開

孩子也有想要與你分開的時候。你教導他們尊重你和他的分開，也要尊重他想要暫時和你分開。你要給他們適合年齡的自由，不要要求他們一直待在你身邊，不論是在學步期讓他有自由去探索安全地帶，或是讓學齡兒童到鄰居家裡玩，或是讓青少年去約會，都要給他們有自己的生活以及作選擇的空間。這是很重要的，孩子年紀漸長，就會想要更多的空間，也需要更多的空間，只要他們處理得當，就應該給他們，不必要的時候，不要過分涉入他們的隱私及空間。

他們的空間

「給孩子自己單獨的房間」是這種分開的好例子。我們勸人要教導、要求年幼的孩子清理並保持房間適度的整潔，但年紀愈大，就該給更多他們想要的自由來管理自己的空間。你把空間給他們，但他們如果把它不當地處理，就不要授與他權力做不負責任的事。例如，如果他們找不到自己的東西，不要幫他解危；還有，不要讓他們把家人共用的地方給搞髒亂了。為了尊重家裡這些區域，你要提供他們基準來學習作個好鄰舍，他們可以有自己的空間，在限制之內過他們要過的日子。然而，就像成人不遵守危險告示，消防局也會給他開罰單一樣，讓孩子知道雖然他的房間是他自己的空間，但如果他越過特定的安全界線，就會失去使用的主權。

他們的時間

時間是另一個他與你分開的例子，只要孩子不會讓自己陷入險境，就應該讓他在適合年齡的限制下，掌握自己的時間和選擇。學齡前的孩子需要父母在時間上給他許多的架構，但在這些架構裡面，他們可以選擇如何使用，例如，他們最主要學習的，就是玩耍的時間結束，上床的時間已到；學齡兒童所要學習的是，做完功課以後才可以玩；青少年必須管理自己的時間，但那些限制會迫使他把時間運用得更好。只要他們夠大到知道如何做，就讓他自己為準時上學、上教會、吃飯，以及按時完成家務及功課等事負責。如果他們錯誤地處理時間，要讓他們為此承擔後果。

如果你花了好幾年的時間對孩子嘮叨有關「趕快把事情準備好」這類的事，就表示他們從未學會時間的界線。時間的限制唯有在你讓它們對孩子成為「現實」的一件事時，才會變為真實。不要嘮叨、不要太常提醒他們！你不是時鐘，你所要做的，就是確定他們懂得看時間，告訴他們什麼時間會有什麼事發生，然後讓他們作準備。告訴他們，如果不照著做，就會有問題，例如：可能會少吃幾餐飯、不准外出，或上學遲到等等。幾次下來，他們很快就學會「時間」的真正意義是什麼。

如果他們習慣不準時來吃晚飯，那麼大家用餐後就沒有東西可吃了。講清楚你的界線：「我只從七點到七點半供應晚餐，過了時間，廚房就對那些沒吃飯的人關閉」。讓他自己解決餓著肚子上床、趕不上公車，或為某些想做的事因未能就緒，而不能去做的那些問題。不需要太多這種使他們錯過事情的情況發生，他們就會學到功課了。但若你嘮嘮叨叨，不想讓他們管理自己的自由，用這種方式來控制他們與你的分開，他們就永遠學不會時間限制的真實性。

他們對朋友的選擇

如果你的孩子和一些你不喜歡的孩子在一起消磨時間，只要告訴他們有關選擇朋友的事（除非他們陷在如下所列的危險當中）。這裡有一些建議：

• 珊咪讓你有什麼感覺？

• 你喜歡別人那樣對待你嗎？我不會想要和那種不尊重我意

見的人在一起。

- 你喜歡他的什麼？我通常不會喜歡和那種事事要順他意的人在一起。

- 我希望能夠影響他變得更好。

- 我也有一些價值觀念不同的朋友，你發現很難不受他們影響嗎？他們要你做一些你不認為該做的事情時，你會怎麼做？

　　有時候孩子所選擇的朋友可能很危險，你必須採取行動。因為他的這種選擇意味著還有別的事在進行。如果孩子選擇損友來作朋友，你要找出令他沮喪和氣餒的模式，或是他之所以被動的問題所在。如果你看到他有某種模式重覆出現，則當尋求專業的幫助。

他們的金錢

　　孩子需要有一些錢花在自己想買的東西上，然後當錢用光了就是用光了，不會再有。孩子需要學會過成人生活時需要知道的事：錢是有限的。令他學習這方面的最佳方法就是——親身體驗金錢的有限。然而通常會有兩種情形發生：父母要不就是沒有給孩子錢，讓他們可以管理，並要求他在限制內用錢；要不就是給他們太多錢，以致他們不必在金錢的限制裡面過日子。父母通常會對孩子因為花光了錢而出門沒有半毛錢可花，而感到於心不忍。

　　但就像我們其他有關尊重現實的教導一樣，你要同情他，不要教訓他。你可以說：「如果在月底還沒到以前就花

光了錢，我也會覺得很寒酸，出門買不到想要的東西，真的讓人很不痛快！」

他們的衣著和打扮

衣著和髮型應該是孩子的選擇，除非這種選擇讓孩子身陷危險。例如，某類的衣飾意味著屬於某個幫派，或是予人男女不分之感，那你就必須加以干預。

如果不到那種程度，就讓孩子選擇他們自己的衣著和髮式，他們愈早學會處理自己的事，不必樣樣靠你打點是愈好。

一般而言，真實的世界所帶來的後果就會給他們教訓，如果他們的衣著太古怪，校園會告訴他們；如果他們的社交圈沒有因他們蓄髮的樣子而排斥他們，就讓他們照己所願的去留長髮罷！你的父母在你的打扮或髮型像貓王艾維斯（Elvis）、披頭四（Beatles）、雷得‧齊柏林（Led Zeppelin）的時候，也不喜歡啊！

你要把心思放在注意他的價值觀、技能、愛心、誠實、對待他人等這些更重要的事上，讓孩子自己去處理他的外表。我有個朋友說：「當我發現孩子戴耳環是為了表現他與我之間的不同，我就讓他戴耳環去了，我不要因為他要證明自己有別於我，而去選擇某些具破壞性的事情。」

通常，衣著和外表說出兩件事：「我屬於某個團體」，以及「我和我的父母不同，我可以作自己的選擇」。

只要那是他們必須去的地方所要求的穿戴，就讓他們照

自己的方式去做（這並不是說，你必須喜歡它！你也有自己的品味，只是不要替他們過份煩惱，畢竟那是他們自己的頭髮）。

你與他們分開

不但孩子需要學習與你分開，你自己也要能夠和他們分得開。與孩子分不開的父母，教導孩子認爲「宇宙是繞著他們轉的」。孩子大一點的時候，你不要覺得晚上你們自己出去，或是旅行沒帶他們一起，有什麼不好，你要有自己的時間和空間。在他們小的時候就讓他們學習「媽媽要看書，現在不是玩的時候」。

這是很重要的，我有個朋友有時候會跟她小兒子說：「我看書正看得津津有味，你要爲自己的樂趣負責，現在就去找一些有趣的事自己玩吧！」或是說：「我知道你的話還沒講完，但是我已經聽夠了，我現在要想自己的事情，你自己去玩吧！」

對那些希望大人一直陪伴身旁的孩子，如果父母不跟他說「不」，就是在教導他，他是無法自我生存的人，這個世界繞著他在轉，以後這個孩子就不會輕鬆地讓他所愛的人和他分開，他會想要控制那個人。你要先滿足孩子的需要，然後在你滿足自己的需要時，要求他也滿足自己的需要，你要同情那種挫折感，但是要保持分開。

你做得如何？

　　孩子很容易反映出你的樣子，他們反映你的舉止、習慣、態度、看待生命和克服困難的方法。因此，在你做任何本章所教導的，要孩子學習尊重界線之前，要先確定你尊重孩子的界線，也尊重他人的界線。

　　請記得尊重的法則所設立的目標：

- 不要傷害他人。
- 尊重別人所說的「不」，而不去處罰他們。
- 尊重一般的限制。
- 尊重他人的分開。
- 當你得不到想要的事物時，只覺得難過，不會生氣。

　　下面這些問題可以幫助你問自己：

　　你在遵守「尊重律」上做得如何？

1. 你傷害到孩子的時候，肯承認自己的行為並道歉嗎？你會告訴他，你很抱歉因為只想到自己？你會請他原諒你嗎？

2. 當配偶和孩子對你想要的事情說「不」時，你是否以忿怒、操縱，或收回對他們的愛來懲罰他們？你容許孩子在該有自由的事上對你說「不」嗎？你讓他們選擇如何安排自己的生活嗎？如果你想要他們玩棒球，而他們喜歡踢足球，他們可以自在地對你說「不」嗎？如果他們不同意你對上帝的所有看法，你會如何反應？他們有自由對自己的信仰持不同的意見嗎？

3. 你如何處理一般性質的限制？你總是想辦法「躲避」一些規定，讓孩子有樣學樣嗎？你是接受適當的限制，還是教

導孩子說，許多規定除了對你以外，對每個人都有好處？

4.你享受與他人的分開嗎？你容許他們與你分開的生活嗎？你容許孩子獨立成長，與你分開嗎？你喜歡他們有自由，還是憎恨它？

5.當你沒有從孩子或其他人得到想要的事或物，你是生氣還是難過？你是以生氣來抗議他們的選擇，還是以難過來接受結果？當事情不照你的意思行，你是大發脾氣，或是覺得難過但繼續進行？

　　被尊重過的人，是最有機會學會尊重的人，你不能要求孩子表現那些你不願意給他們的東西。尊重他人及尊重現實限制的榜樣，比任何你學到的技巧來得有效。

結果

　　尊重的法則教導孩子，這個世界不只是屬於他們，他們也必須與別人分享。他們要學習作個好鄰舍，對待別人就像希望別人如何對待他們一樣；他們不能要求事事順他的意思，要學習得不到也沒有關係；他們要能夠忍受「無法移動界限」，也要能夠在別人說「不」的時候，不去抗爭；他們也要能夠忍受別人與他分開的生活。請記得，這條路看起來是這樣的：

• 孩子抗議那些限制。

• 他們想要改變限制，並懲罰那個設定限制的人。

• 你堅持那些限制，應用在現實生活上，並且給予同情。

• 孩子接受限制，並培養出更可愛的態度來面對。

　　這些都不是一蹴可幾的，這是個會經過許多困難階段的過程，然而，如果你以愛和限制堅持到底，到最後這些愛的紀律會「為那經練過的人結出平安的果子，就是義」（希伯來書十11）。為了他們的將來以及將來那些會愛上他們的人，你的孩子需要根據「想要別人對待他們的方式去對待別人」的金科玉律來生活，這樣他們自己及所愛的人生活得就會更加美好。

　　然而，我們都知道，人們在表現對他人的尊重上，有好的動機也有不好的動機。譬如，有些人對別人好是出於自私、罪疚，或是害怕。我們要你的孩子學會以更正面的動機，來表現出愛和負責任的態度。

　　下一章我們會教導你如何來達到這一點。

第八章
超越「因爲我是媽媽」
動機律

我（約翰・湯森德博士）在最近一個「父子出遊」的旅途中，無意間聽到兩位父親的對話，給了我一個學習的經驗。

「我覺得藍帝最近的態度真的問題很大，」第一位父親說：「我告訴他去倒垃圾或做功課，他就會去做，但是他抱怨很多，顯得很不高興，我覺得他的動機很不對。」

沈默了一陣子，第二位父親回答說：「艾迪，我聽了很難過，但是你可能需要靠在另一個人的肩膀上哭一哭，因爲我的麥可到現在連垃圾桶在哪都還不知道呢！」

兩位不同的父親在談兩回事，這個人的孩子有著很差勁的動機和態度，另一個人的孩子還沒有到講這個問題的時候。

乍看之下，你可能會奇怪，動機和幫助孩子培養界線有什麼關係？如果你是處在第二位父親的情況下，這種想法的確是有道理。有許多父母正在與失控、無禮、被動、退縮，或好議論、愛操縱人的孩子奮戰不休，他們不是在找尋什麼

「培養好動機」之類的妙方，只是想找出方法來讓孩子聽話，然後孩子能夠做個負責的人，他們就很滿意了——「動機」似乎是遙不可及的想法。他們會說：「讓我先把這個孩子管好，然後再來煩惱怎麼幫助他有關動機的事吧！」

動機推動我們的行為，是我們外在行動背後的「因」，正如聖經所教導的：「各樣的惡行都是從人心裡面發出來的。」（馬可福音七20～23）但通常孩子的行為出問題的時候，我們多半會先注意這個有問題的行為，而不是行為背後的那個原因，就好像家裡客廳著火了，你會先關心怎麼撲火，而不是先關心火從哪裡來。

不過，請等一下！這裡有兩個非常重要的關鍵議題圍繞著動機的問題在打轉。第一，一旦你得到孩子的注意力，動機就變得很重要了，孩子小的時候會清理房間，是因為他不做的話，週末就不能去看電影；但是當這個孩子已經二十歲了，他會需要其他的理由來保持自己的地方乾淨整齊。

我們會看到，動機在許多層面上影響孩子的品格發展。例如，怕痛苦和怕承受後果的這種不成熟的動機，會幫助幼小的孩子不去做一些事。作父母的不只是要幫助孩子培養為自己行為作主的能力，也要幫助孩子為正確的理由去做對的事情，而不是為了害怕處罰才做。你要幫助他學習作個「可愛」的人（參提摩太前書一5）。

假設你要兒子做功課，他好幾次離開桌子在那裡閒蕩，想辦法逃避該做的事，因此，你就站在他背後嘮叨著他把功課做完。

　　當你這樣做的時候，可能暫時贏得了小戰役，至終卻失去了大戰果。因為你兒子完成家庭作業的動機，是為了不要你站在他背後盯著他，而非想拿好成績。如果你隔天晚上不在他身邊，你想會是什麼局面？

　　許多父母就是陷在這種困境裡頭，他們對孩子又叫、又罵、又威脅，孩子的態度是──只要爸爸媽媽站在背後，我就乖乖就範。但是孩子到青少年的時候，你可不要離開他們去度小週末喔！他們是很不可靠的！我們聽過成千上百的故事講到，很好的基督徒父母簡直不敢相信，他們上大學的孩子竟然會參與許多在家裡從未被允許的活動。

　　我有個朋友發現，他們上大一的女兒竟然在他們送她去的基督教大學，和人懷了孕，父母的心都碎了。這個女孩子的行為就像個很年幼的孩子，突然得到極大的自由一般，不懂得如何使用。我的朋友在處理這個問題的時候才了解到，他們希望大學會維持他們給孩子同樣的保護，但沒想到那是不可能的任務。

　　父母所施加於她的外在約束，從未成為她品格的一部份，以致她那些從外在命令而做出來的行為，顯出她還是個孩子，不是個青年人。聖經教導說，在屬靈的旅程中，我們需要「律法」來做為訓蒙的師傅，直到我們進入與上帝之間的信心關係，並受到更高的原則所激發（加拉太書三24～25）。

　　與動機有關的第二問題，和為人父母的策略有關。疲倦而絕望的母親或父親經常會用愚蠢的策略來要脅任性的孩子

改變，以便解決問題。他們可能傳達讓孩子產生罪惡感的信息，或威脅孩子不再愛他們，然後在冷戰的關係中獲得短暫的緩和狀態——這些策略都得不到長遠的結果，因為所訴求的策略是出於不正確動機，不僅發生不了作用，也傷害到孩子。

你還記得父母在你不同意他們所說的話或不順從的時候，沈默地撤回愛所帶給你的感覺嗎？今天有許多作父母的人，一輩子還在承受這種操縱所帶來的苦果。他們結婚以後，受那個製造罪惡感的配偶所控制，對羞辱他們的老闆和朋友感到憤怒卻覺得乏力。

愛孩子的父母必須幫助他們從這種想要讓別人穩定和快樂的內在混亂中走出來。「動機」在幫助孩子學習界線上非常重要。父母要如何幫助孩子培養對「愛」和「善行」的正確動機呢？

目標：愛和現實

我妻子和我最近到瑞典去帶領研習會，主講有關屬靈的事情。我們有一整個禮拜的時間住在主辦研習會的牧師夫婦家裡，在那段時間，我們不僅認識這對夫婦，也認識了他們三位從八歲到十六歲的女兒。

我們對他們家庭的運作方式留下非常深刻的印象，因為每次用餐之後，他們家的每個女兒都知道該做什麼工作，父母不需要講半句話，她們就會站起來、收拾桌子、清洗碗盤，或清理廚房。她們的動作是那樣地迅速俐落，以致我只

來得及驚訝房間的乾淨，卻不知道怎麼會變成這樣。這些孩子並非機器人，她們是會說話、會發表意見的人，也有自己的個性，但是這個家卻像機器一樣運轉。

我問其中一個女孩：「你們為甚麼做家事都不會抱怨？」她停了一下說：「我喜歡幫忙，我也希望我的姊妹做她們該做的事！」

好吧，在你進入「多麼難讓孩子做家事」的恐懼症之前，先看看我這個瑞典女孩的答案吧！她所談的是「動機」問題。首先，「對家人的愛」是她的動力，她喜歡幫助人；其次，她受到現實要求的影響：如果她做她那一份工作，她的姊妹也極有可能會這樣做，她就不必做額外的工作。

這是一幅應該在孩子心中培養的完美畫面——由於對別人的同理心以及尊重上帝給的現實要求，我樂意去做對的事情，並避免做錯的事情。這是孩子長大成人後，能夠用正確的理由自由選擇生活中的責任，並以樂意的心情去做的品質保證，「各人要隨本性所酌定的，不要作難，不要勉強，因為捐得樂意的人，是上帝所喜愛的」（參哥林多後書九7）。

但這不是說，你的目標在於讓孩子「享受」他的任務、工作、責任，以及自我約束，那位說「你要吃豆豆，你一定會喜歡」的母親，是在朝著失望前進。

甚至耶穌也很懼怕祂所要擔當的可怕任務：為我們的罪死，祂曾請求天父把這死亡的杯挪去（加拉太書廿六39），然而祂還是毅然地承擔起這個最重要的任務。

孩子在面對要求時，可能會抗議，或想和你討價還價，

你的目標就是，他們最後能夠樂意爲了正確的理由來負起責任。

動機發展的幾個階段

你如何幫助孩子培養好動機？上帝已經事先安裝了幾個影響的階段，透過這些階段來讓你引導孩子。這是個必要的過程，你在經過這些階段時，可能會留意到，你的孩子還只是處在初期階段，這未必不好，因爲這只是讓他進入下一個階段的標記。沒有人可以跳過這些階段，下面的圖表總結了每個階段的情形，也幫助我們避免一些常犯的錯誤。

階段	要避免的錯誤
1.害怕承擔後果	生氣地處罰孩子
2.不成熟的意識觀念	對孩子過份嚴厲或太過放鬆
3.價值觀和倫理道德	增加孩子的罪惡感，用羞辱的言辭來教訓他
4.成熟的愛和内疚	失去對孩子的愛心，過份地批評他

在我們解釋這些階段之前，要先了解，孩子在成長的過程及學習限制的事情上，有無數的功課擺在他們面前，而這些功課的要求多半來自你、現實世界，以及他們的朋友。這些要求需要建立在「愛」的根基上（以弗所書三17），因爲沒有人能夠在關係之外忍受因爲需要負責任所承受的挫折和痛苦。

人只能夠在一種有恩典的氣氛中將規則和律法內化，否則他們所經驗到的，就是令他們恨惡的規條、判他有罪的東

西，或兩者皆俱，因為「律法是惹動忿怒（或叫人受刑）的」（羅馬書四15）。

如果「界線」對你而言是新的觀念，而你想開始培養孩子的界線，請不要從「暴動取締法案」開始──就是不要告訴孩子：「你給我聽著，史密斯家將要來個徹底的大改變了！」要確定你提供孩子感情的交流、支持和愛意。

設立界線與愛孩子並非兩者選其一的事，那是個表現你愛他的方法。你要與孩子保持關連，再度肯定你有多麼關心他，在他高興、憂愁時都與他同在，甚至是在他生氣的時候、他讓你失望的時候，都要表示你愛他。這種接觸能夠使他成長。

和孩子保持距離以及有條件的愛，是這種根基的大敵。很難和孩子有親密關係並和孩子保持距離的父母，可能很關心孩子，但常常感受不到這種感覺，或無法把它傳達給孩子，他們的愛是有距離的。如果你很難和孩子建立親密關係，要加入支援小組，從中學習更加柔軟、更易與人親近。我們只能付出已經得到的。

有條件的愛不是穩定不變的愛，當父母親的愛有條件的時候，他們只會在孩子乖或聽話的時候才和孩子有關連，孩子不乖的時候，就收回他們的愛。在這種情況下，孩子從來不會感受到被愛的安全感，而且很難學到基本的信任。如果他犯了什麼錯的話，就要冒著失去對他而言非常重要的一切危險。如果愛是有條件的，就不可能有學習可言。

因此，首要的是愛，其次才是定界限。

1.害怕承擔後果

當你開始和孩子設定限制和要他承擔後果時，幾乎可以肯定的，他會試驗你、反抗你，並且顯出恨意。沒有人會喜歡結束派對！然而，當你堅持界線、公平、前後一致、又能夠同情他的情緒反應時，他就會開始接受事實：「我不是上帝」、「媽媽和爸爸比我大」、以及「不被接受的行為是要付代價而且是痛苦的」──這是個嶄新的世界，你得到了他的注意力！

雖然如此，孩子還是會盡可能地逃避現實。我最近去看了一場棒球賽，觀察到有個六歲的男孩，一直不停地大聲發表他的小腦袋瓜裡想到的每件事情，搞得坐在他周圍的人都很煩。他的父母親因為怕傷害到他的感覺，過一下子就請他講話小聲一點，顯然對這個男孩，這只是個老套而已，他知道不予理睬的話，他們很快就會放棄。

終於，坐在他後兩排的一個球迷走向他說：「小傢伙，你真的需要安靜一點！」男孩被這個語氣堅定的陌生大人給嚇住了，之後看球賽的時候就收斂多了。奇怪的是，這對父母並沒有因為這個男人的干預而發窘，反倒更有力量去管住孩子──因此，引起孩子的注意，永遠是第一步。

如果每件事都進行得相當順利，你們兩個人都度過了剛開始的困難階段，孩子就會發展出對「後果」的健康懼怕心理。新的想法──「我需要想想準備去做的事情是什麼？這會要付上什麼代價？」就會取代舊的想法──「我有自由在任何時候做我想做的事」。新想法是隨著預期的焦慮而來，一

個小小的警告燈在孩子的腦海中，幫助他徹底想一想，他到底有多麼想做他執意要做的事。這對孩子是個福氣！

對許多父母而言，這種情況代表了在培養孩子界線上，第一個極具意義的勝利。他們會發現：「這個東西真管用！」因為他們已經闖入孩子無所不能的自我中心體系，引進現實，讓孩子知道，如果他不小心的話，不會每件事都順順當當地如他的意！這要經由很多的嘗試錯誤和努力，找出對孩子管用的損失和後果，也需要花許多的精力去守住這條線。

有位父親告訴我：「你需要比孩子多一次堅守立場，如果他破壞規則一萬次，你必須堅持一萬零一次，然後你就贏了。」有許多父母都記得那個日子，當他們那個不管是兩歲還是十六歲的孩子，認知到父母真的因為堅守界線而即將贏得戰役時，閃過孩子臉上那種懷疑和不確定的表情。

小學二年級的艾美有暴力的傾向，她生氣的時候會把玩具丟到人家身上。她的母親定了一條規矩：只要她向人丟玩具，就永遠失去這個玩具。艾美的損失開始增加，媽媽不知道這種「跟珍愛的玩具說再見」的後果，是不是真的灌輸到艾美的腦海裡。

直到有一天，艾美又準備拿玩具向她丟過來，媽媽很快地說：「還記得上一次嗎？」這個小女孩生平第一次停下揮臂的動作，猶疑了一下，然後把玩具放下來。

她的母親報告說，好像她女兒在跟自己說：「我好像記得上次這樣做的時候發生了什麼不好的事。」艾美開始經驗到她的舉止和未來之間有重要的關連，有人稱這種時候為

「孺子可教也」的時刻。她在學習因果律（加拉太書六7）。

我們要再一次強調，這種對後果的害怕，不是對失去愛的害怕。孩子需要知道，無論他有多麼叛逆，你還是會經常地、一致地與他關連，並且在情感上一直與他交流，他只需要關心會失去的自由和可能會有的痛苦就夠了。你要給他的信息是：「我愛你，但是你選擇了某些對你不利的事！」

這是動機的初期階段。有些理想主義的家長可能會很失望地認為，他們的孩子放下玩具是因為「記得上一次嗎？」而不是因為「那是錯的」，或是「我不希望傷害你」。但要記得，這個法則足以制止我們失控的自我，使我們能夠慢下來聽聽愛的信息。

在這個階段，要避免因為你生氣或是要處罰他而立下界線。孩子需要控制自己來逃避後果，如果他關心的是如何逃避你的憤怒，或害怕某些嚴厲的處罰，就不會把界線和後果關連在一起。學習後果的重點在於，讓孩子了解，他的問題出在他自己，而不是暴怒的父母。

請比較下面這兩種處理方法：

1.瑞奇，你再把馬鈴薯片從架子上抓下來，媽媽就真的要生氣囉！
2.瑞奇，你再把馬鈴薯片從架子上抓下來，我們就馬上到商店外面去罰站；回家以後，你要花這些跟你一起浪費的時間來幫我清理廚房。

場景一

　　瑞奇的問題是生氣的母親，他的選擇是安撫她（之後再回過來做同樣的事）；或是因為怕別人生氣，長大以後變成專門討好無界線之人的人；要不就是反抗她（因為激怒她很好玩）或忽視她（因為知道她不爆發之前他還有幾次機會）。

　　如果媽媽真的爆發了，卻沒有任何後果出現，那又何必在乎呢？許多父母已經看到他們用生氣的途徑來處理問題，減弱了他們對孩子行為的影響力，因為孩子知道處理父母生氣的方法，就是調整波長來讓自己聽不見。

場景二

　　瑞奇需要想到他未來生活的品質：罰站、清理廚房，或失去玩樂和自由。

　　在第二個場景，幫助他看到他行為的問題，而不是一個失控的母親。

　　用這種方法來看問題，有幾件事會發生在孩子身上：

（1）他開始看到自己，而不是去責怪別人。

（2）他發展出一種約束感和自主感（他可以做某些事來決定痛苦的程度）。

（3）他在這個學習過程中絕對不會失去父母的愛。

（4）他知道某人 —— 父母、朋友、老師、老闆、警察、軍隊、上帝 —— 比他還大、還強壯，如果他拒絕約束自己，這些比他強的人就會來約束他。

　　孩子若沒有內化這些態度和品格上的美德，就會永遠留

在「我可以隨心所欲」的幻想裡頭，你要用健康的「害怕後果」，配合上帝的現實，以及使現實成為他的朋友而非報應，來幫助他。當孩子告訴你，他做家事的唯一理由是因為他不想罰站，你要稱讚他，然後幫助他進入第二階段。

2.不成熟的意識觀念

杜偉的父母很擔心，他們想要對這個三歲的兒子保持愛和限制的平衡，但最近杜偉開始一種他們不太了解的新行為。

杜偉是賽跑小將，他在家裡常常使勁吃奶之力跑來跑去、踢翻家具、跌倒等等，愈來愈具破壞力。他的父母在這方面花了很長的時間和努力，和杜偉談這個問題，給了他正確的後果和報償，讓他可以在家裡走路時安靜一點。然後他們開始看到進展，杜偉的確在家的時候會更加地小心謹慎。

有一天杜偉在外邊玩耍後衝進家裡，沒有減慢速度地開始在客廳裡面狂奔，當爸爸提醒他界線時，聽見他對自己說：「杜偉！停下來！壞杜偉！」父母親很擔心他開始在嚴厲地對待自己。

已經開始對後果有健康懼怕感的孩子，通常會開始對自己嚴厲的說話或批評自己，好像嚴厲的父母在他們行為不良時所做的一樣。這多半適用於已經留意到行為和後果有關連的孩子身上。

杜偉正處在所謂「內化」的過程當中，這是人一生中都會發生的事。他把他的經驗和重大的人際關係「內化」到內

心裡面去。這些經驗存在他的腦海裡，就像情緒上充了電的記憶體一樣。從字義上來講，外在的變成內在的；從某個角度而言，這孩子「消化」了他的經驗，而這種經驗形成了他看待生命和現實的一部份。

內化是一個深刻的屬靈過程，上帝從中逐漸灌注祂的生命、愛和價值到我們裡面。當我們透過與祂本身、與祂的話語、與祂的子民相交，來經歷祂的恩典和真理時，基督就成形在我們裡面（加拉太書四19）。「內化」是使我們有能力去愛、去建立自我約束，以及有道德倫理體系的基礎；它塑造我們的良知，幫助我們留意對錯。

例如，你可能會發現，當你處在一個有壓力的情境下，或處理某些問題時，在那個事件上對你重要的人，可能會浮現在你的腦海中，你可能會看到他／她的臉，或記起他／她曾經指示你的話語。這是內化的早期階段——即這種有影響力的關係還不是「我」的經驗，而是某個所看重之人的經驗。

例如，杜偉聽了他父母的話，知道在家裡亂跑的危險和後果，當他又這麼做時，他不僅記得父母的話，也接收了父母使用的聲調，以致他內化了一個「父母」，來指引他的行為。

但在杜偉的例子裡面，他並沒有完全內化父母準確的用詞和聲調，因為他們跟他講話時口氣堅定，但很和氣，並沒有用「壞杜偉」這種嚴厲的話。但就如孩子經常會做的，杜偉把對自己的責備編加在記憶裡面。

孩子不會內化百分之百的事實，有些人認為我們的腦子就像一架錄影機，準確地錄下所發生的每件事情，然而研究指出，那不是記憶運作的方式。我們會以自己的意見、期望和害怕，來為經驗著上顏色，這也是為什麼事實的外在來源，例如聖經，是那樣地重要。我們需要有地方來糾正看法，正如詩篇一百一十九篇34節所說的：「求祢賜我悟性，我便遵守祢的律法。」

培養孩子界線的目標之一，就是讓他擁有內在愛的感覺和約束感，而不是靠你一天到晚跟在他身邊嘮叨不停，或在他走到前門時就提醒他鞋子要擦乾淨才進門。

因此，當你帶著愛心，持續地和孩子設立界線，並持守限制時，他就開始塑造一個內在的父母，來為你做你的工作。這個「父母」（或早期意識）形成之初，是採取你的話語和態度來行事，對孩子而言，那還是別人而不是「我」的經驗。

這也是為什麼像杜偉這樣年幼的孩子，有時候會以第三人稱來跟自己說話，因為他是在回應所有與你混雜在一起的，有關負責任問題的情感記憶。

有時候父母太嚴厲、太權威，或甚至暴虐，就會在孩子心中製造非常嚴格和不成熟的意識。有時候這些孩子會變得非常沮喪或有罪惡感；另有些時候，他們為了反抗殘暴的父母，會以殘忍或虐待狂的方式來對別人。

在這種情況下，良知扭曲了，上帝起初創造來幫助激勵我們的架構，現在卻驅使我們離開祂、離開愛、離開責任、

彼此分離。如果你關心這一方面，要向懂得孩提階段問題的智者諮詢，問問他你是否過於嚴厲。

孩子的良知形成和發展之後，那股內在的力量就會激發他去愛人和行善，而不只是被人從後頭推著走，他不會想要去違抗內在的父母，因為它就像真的父母一樣。

這是個好消息，因為你不能老在他身邊替他作負責任的選擇，他需要在操場上、在考試的時候，或坐在車子後座時，都知道如何替自己作選擇。

你要對孩子的改變保持一貫關愛和注意的態度，如果你和孩子有夠好的聯繫，他也接受你的界線，則你的界線就會成為他的界線。

在這階段要避免太過嚴厲或撤回界線這兩個極端，就如杜偉的父母考慮去做的一樣。我們提到過份嚴厲的後果，也講過因罪惡感或害怕起衝突而撤回界線的結果，這兩者都同樣具破壞性。

那些父母起初不太管的孩子，可能會對父母加諸於他的限制和架構感到困惑；他可能會對外在的限制顯出憤怒，來讓自己覺得安全一些；他也可能發展出「受之無愧感」，認為自己可以凌駕於法律之上，要不就是可以避開法律。

請記得，為人父母是要孩子的行為符合現實的法律，而非符合被你個人所曲解的現實。你要和那些懂得教育孩子的人保持聯繫，以便幫助孩子進到動機的第三階段。

3.價值觀和倫理道德

　　孩子在與「腦中的聲音」合作一陣子之後，會開始把所有這些經驗拿出來，放在更觀念性的形式裡面。當他不順服的時候，不會聽到那麼多「杜偉不乖」之類的話，而是聽到「這樣做是不對的」──這是孩子增加了內在架構和成熟度的表徵。他開始內化你的界線成爲自己的界線，而不只是模仿你所想的，我們稱之爲價值觀和倫理觀的開始，而這個重要的步驟是塑造孩子信仰系統，以及培養他人際關係、道德觀念，和工作態度的基礎。

　　這時候孩子可能會開始問許多有關價值觀的問題，例如：「這是不好的用詞嗎？」或是「看這個電視節目可以嗎？」他在「了解你的倫理觀」以及「想要做出他自己的倫理判斷」之間掙扎。這都是很好的機會可向他解釋你認爲的爲人處世之道，並幫助孩子自己對所有這些事情做個結論。

　　如果孩子還處在「害怕後果」的階段，上述說法可能聽起來像在作白日夢，但它確實管用。同時，你也不要認爲已經完成了設立限制和界線的工程，因爲他還是個孩子，他要有自己的方法嘗試在幾個層面上成長。有一個階段他會對「絕對」和「相對」的倫理觀念產生懷疑；另一個階段，他會因爲太晚回家又滿口酒味，而要偷偷地潛進房子。身爲肩負多重使命的父母，你要在這兩個階段上，在他需要你的時候滿足他的需要。

　　你也要避免給孩子罪惡感，或用羞辱的言辭來教訓他。由於他現在要運用良知來回應動機的正確與否，以致每天都

有很多事情要面對，因此，他對「我想你是個基督徒還做這種事情」，或是「你在學校不用功讓我很困窘」這種說詞特別敏感。在這個階段的孩子容易落入「作好人」的陷阱，他們想要逃避罪惡感或自覺羞辱的感覺，你要繼續帶領他回到「這樣做違反你和我們所擁有的信念！」──這種現實的原則裡面。

4.成熟的愛和內疚

你繼續作孩子所要內化的現實來源時，他就會超越對與錯的倫理問題，進步並成長到更高的動機：愛。當他與別人有更多的連結，就會開始從「親密關係」的氛圍來思想這些抽象的問題。他了解到，在他的存在裡面，他是為關係而被造，以致「關心他的人際關係」成為他生命中最有意義的事情。耶穌總結聖經中所有的誡命為，盡心、盡意、盡力「愛上帝」和「愛人」（馬太福音廿二37），對與錯的問題仍然非常重要，但孩子會從更具關係化的角度去理解。

你要孩子為最大的動機──同理心的愛下定義，即你願意別人怎麼待你，也要怎樣待人（馬太福音七12）。同理心是愛的最高形式，它使人有能力去了解原來我們可憐的光景是感動上帝去創造、保護，並救贖我們的緣由。透過同理心外在的導因，及以關係為基礎的內在動力，激發我們採取關心的行動。

將界線內化的孩子，需要越過「這是對或錯」的階段，進入「這會傷害別人或讓上帝傷心」的層次，你需要幫助他

有這種動機。他們不順服的時候,要和他們討論關係上的後
果。換句話說,幫助他從認為「向身體過重的同學開玩笑是
不好的」,轉成去思考「當孩子們羞辱他的時候他會有什麼感
覺?」你現在是在幫助孩子作他內在界線的代理人,使他被
「對人有同情心」引導和推動。

　　你要避免「過度的批評」或「撤回對孩子的愛」這兩種
行為。太嚴厲的批評或因為他違反界線而撤回對他的愛,通
常會導致孩子變成屈從而沒有愛心的人。屈從的孩子心存恐
懼,無法以愛為基礎,自在地去選擇愛誰和如何去愛,因為
他們是那樣地受「避免失去愛」,或「害怕被批評的痛苦」所
驅使。你要幫助孩子自由地作選擇和自由地去愛。

末了的話

　　在這個有關動機的界線方面,不要低估我們所討論涉及
好行為的三種動機。孩子需要關心由於不負責任所帶來的痛
苦結果;關心他的行為是對或錯;以及關心他的行為會帶給
朋友和上帝什麼樣的痛苦。身為被委託這些動機的父母,你
要為孩子製造許多經驗,讓他來內化並為自己擁有它們。

　　所有父母都需要設法解決這個現實問題,即界線會給孩
子帶來痛苦。這是我們下一章所要談論的。

第九章
痛苦可以成爲禮物
評估律

某天我（亨利・克勞德博士）和一位母親協談，輔導關於她和十二歲女兒設立界線的事。每次我建議她設一個限制給她女兒，都會碰釘子。我所建議的每個基本限制或要她女兒承擔後果，她總是有這個或那個行不通的理由，例如：他們的時間表妨礙了她這個作母親的去貫徹執行啦，家人會受到拖累啦，其他兄弟姊妹會受到不良影響啦等等，一個接一個。這位母親很技巧地在告訴我，爲什麼我的建議不管用。

我問她說：「你女兒如果不能先把家事做完，你爲什麼要讓她出去和別人聚會呢？」

「如果我那樣做，我們有什麼計畫要出去的話，就必須找人看孩子才行。」

「那就讓她負責去找人來看她，然後讓她付這筆錢啊，畢竟是她造成問題的呀！」

「我不認爲她找得到人，不過，我們也可能不喜歡她找的人。」

　　我起先以為這位母親對我沒有隱瞞，然而在我的建議一個個被駁回以後，我開始覺得她並沒有把實情告訴我。由於她所告訴我的聽來似乎不真實，我便不再為她女兒找尋「正確」的限制，反過來告訴她：「坦白說，我想妳不能這麼做，我想妳沒辦法對女兒採取什麼立場，我想妳無法拿掉她的特權和限制她的金錢。」然後，我就瞪著她瞧。

　　起先，她開始用「哦，我當然可以！」以及「不對，說真的，我知道她需要這個，我要照這樣去做」這類說詞。但我知道這些話只是她對我的責難的辯白而已。因此，我只是看著她，等在那裡。

　　然後，她開始痛哭，說不出話來。在控制住自己的情緒之後，她總算道出真相：「我就是無法忍受傷她的心，看她難過對我是太痛苦的事，如果我斷絕對她的支援，她就什麼都沒有了，我不能這麼對待她，她自己絕對過不下去的！」

　　我們再進一步談下去的時候，我看到很顯然這個婦人深深受女兒的傷痛所苦，然而，問題是，她並不了解那是什麼「痛苦」。

　　我問她：「你為什麼認為我給你的建議會傷害她？」

　　「你從來沒有聽到過當我跟她說『不』的時候，有多可怕！有時，她可以哭泣並把身體縮在一起很久，覺得我拋棄了她，不再愛她了。」

　　「我問你同樣的問題，為什麼你認為那些限制會傷害她？」

　　「我才告訴過你，我那樣做過，那傷害她很深！」

「第一，你從來沒有真正『做過』，」我回答說：「你是開始了，但從未貫徹到底，而沒有貫徹到底的原因，是因為你不知道如何評量她的痛苦。你因為她尖叫，就以為是在傷害她，我認為你一點都沒有傷到她，你是在幫助她，只是感覺不很好而已。」

這個「看見」，結果證明是對的。這位母親不知道如何評量女兒的痛苦。簡單來說，她不知道「傷痛」，和「傷害」的區別何在。我所建議的界線絕對會讓她的女兒感到「傷痛」，但不會「傷害」到她。「傷痛」意味著，一個孩子可能因為受管教而覺得很難過，或自信心受損，或失去某些她所看重的東西；「傷害」則意味著，直接傷害她本人，予以批評、攻擊、遺棄，或不供應她所需要的東西。有果效的父母若要培養孩子的界線，就必須學會這種區分。

痛苦和成長

在為人父母和生活裡面的第一項功課，就是「成長包含著痛苦」；第二課是「並非所有的痛苦都帶出成長」。學習將二者分開，是使某個人保持原狀或超越原來的他／她之關鍵。

我在初中打籃球的時候，教練在更衣室掛了一面大旗，上面寫著：「沒有痛苦就不會贏球」，這個警句成為我們被調整、受訓練、作練習時的座右銘，幫助我們超越自以為無法忍受的程度。

我從前經驗過這句話的真實性，但不曾像這次那樣地理

解它。如果我沒有掙扎過，就不能在必須做的事情上做得更好，這個功課對我未來的人生非常管用。如果你是個獨立的人，你會習慣做一些覺得「痛」的事情，來得到某些想要的東西。

例如，當我在寫這一篇文章的時候，我非常累，因為我才出遠門回來，很不想寫文章；而且這是個週末，我不喜歡在週末工作。另一方面，我最近的時間安排得不是很好，工作都耽擱了，但是當我在寫書的時候，我也知道繼續努力下去，是得到我想要結果的唯一方法。因為我想要這本書出版，我想要為人父母的你擁有這本書，我要完成我認為上帝呼召我去做的事。而且，如果書賣出去，我也能夠有錢養家餬口。

當我這麼晚還在寫書的時候，我也對此抱怨訴苦，但還好沒有人聽見。然而，如果我打電話給媽媽，向她哭訴說，寫作有多困難，在今天的世界要讓事情樣樣順當有多困難，現實的生活是多麼殘酷等等，會怎樣呢？如果她自己沒有界線，對我的痛苦感到「難過」，寄來一張支票給我，會怎樣呢？如果她很「同情」地聽我訴苦，也同意我不應該逼己太甚，又會怎樣呢？（別擔心，這只是說笑而已，但是我是個很會抱怨的人，本可以對相依為命的母親說那番話的），我也可以把痛苦緩和下來，最後放掉，有沒有成就無所謂。

我的確記得在六年級的時候，有一天就曾這樣試驗我的母親。我有過白血球增多症，整個月沒有去上學，回學校上課時，需要趕的功課太多了，我給壓得透不過氣來。記得我

跑到媽媽身邊說：「我今天不要去上學，我受不了，我再也讀不下去了！」

至今我仍忘不了她所說的話，她講話的內容和表情都歷歷在目：「有時候我也不想去工作，但是我必須去！」然後她抱抱我，要我準備去上學。

我很受傷，我很累，我很痛苦，但媽媽知道繼續往前走不會傷害到我。她評量了我的痛苦 —— 鍛鍊中的一時痛苦 —— 然後鼓勵我繼續向前。今天我很感謝她的界線，沒有這些界線，我的生命必定充滿了半成品和未完成的目標。後來我和她談到這件事，她告訴我另一段以前從未聽過的故事。

我四歲的時候，兒時的骨疾導致我兩年不能使用左腿，有時候我需要坐輪椅，有時候需要穿上支架，用枴杖走路。我無法和其他小朋友到處去玩耍。

你可以想像我的父母看我這樣有多難受。然而，當我看家裡所拍的紀錄影片，看到一個活潑的小子自己推著輪椅玩遍動物園、參加朋友的慶生會、挂著支架和枴杖蹦跳，對一個跛腿的孩子而言，我做得可是夠多的。

我從來不知道我的父母需要經歷這一切，才能幫助我成為這麼自立自強的人。整型外科醫生告訴他們，如果他們幫我做事的話，就會「毀了」我，那位女醫生告訴他們，他們必須讓我經過學習如何用枴杖走路、操作輪椅、跟別人解釋我出了什麼問題的種種痛苦。

父母看著我在掙扎時，真是痛苦極了。他們已經為這個四歲的兒子失去像其他孩子自如的行動能力而難過，還必須

在我因為要穿支架而哭，或是在我疼痛的時候，不但不能
「救」我，還要為我想用壞的腳走路（這會讓我一輩子畸形）
而打我。母親後來透露給我知道，她管教我之後就得打電話
給朋友好好哭一場。

母親也告訴我，有一天我掙扎著要走上教堂的樓梯，她
聽到有人說：「你能相信這對父母竟然讓孩子這樣做嗎？他
們真是殘忍！」但是她能夠守住界限。另有一天，我的枴杖
在郵局前面的大理石台階上滑掉了，我滾下來、搖搖晃晃、
撞瘀、割傷，但是母親繼續讓我自己上台階。

我哭鬧、抱怨，嘗試用四歲孩子所能想到的把戲，想要
操縱父母不要讓我受這種學習自立自強的痛苦，但是他們守
住界限，最後我們都通過了考驗。

結果，我很快就能和其他小朋友一起到處玩，過相當活
躍和正常的生活，而且最後我的腿痊癒了。今天我很感謝他
們讓我經過那些令我「傷痛」，但卻未「傷害」我的痛苦。

那些對孩子的每一個哭鬧和抱怨都當成需要極度關懷的
父母，絕對不會培養出孩子的界線和品格。當孩子為功課、
家事或因為未盡責任而失去機會，來哭哭鬧鬧時，你要怎麼
做？你對這個問題的回答，就會斷然地影響孩子的一生。

評量痛苦的四個原則

原則一：不要讓孩子的痛苦控制你的行動

與孩子立界線始於父母自己有好的界線，果斷的父母懂

得控制自己。如果孩子以違抗你的界線來控制你的決定，你就不再是帶著決心來作父母了。

　　泰莉對她十三歲的兒子杰希不肯做功課很煩惱。我們定出一個計畫，要求杰希每天晚上要撥出某段時間來做功課，在這段時間內杰希必須待在他讀書的地方，除了功課以外不可以有別的東西，並且除了做功課以外，也不可以做任何其他的事情。泰莉沒有把握杰希在那段時間會選擇讀書，她所能把握的就是，杰希在那段時間會坐在書桌前面，但什麼都不做，這是我們都同意的事情。

　　我下一次看到泰莉的時候，她看起來很羞愧的樣子。她沒有照約定做到我們所協議的事（孩子沒有培養出自律的第一條線索是：父母沒有自制力來執行規定）。

　　我問她：「怎麼啦？」

　　「本來都好好的，然後有朋友邀他去看棒球比賽，我說不可以，他做功課的時間還沒結束，但是他是那樣地生氣，我沒辦法和他講話。他看起來很憤怒也很難過。」

　　「是啊，」我說：「記得嗎，我們早就預料他會這樣做的，他痛恨管教。那妳下一步怎麼做的呢？」

　　「在我眼中只看到這種要求太讓他難過了，我也受不了，所以就讓他走了。」

　　「隔天晚上又怎麼樣了呢？」我問，心裡早已知道會是什麼答案。

　　「他又生氣了，也是同樣的情形。他一失去機會就會非常難過。」

「讓我把這個情況弄清楚，妳決定對錯的方法，是以他被要求去做某些事情時他的感覺如何，如果他生氣，你就認爲那樣做是錯的，是這樣嗎？」

「我沒有那樣想過，但我想你是對的，我就是受不了他難過。」

「那你就要了解幾個重要的事實——

第一，你的價值觀是由一個不成熟的十三歲孩子的情緒反應來設定，你價值系統的最高指導原則是杰希的高興與否。

第二，你沒有看重養育孩子的最重要層面之一就是，受挫折是成長的關鍵要素，從未受過挫折的孩子不會培養出忍受挫折的能力；第三，你是在教導他，他有權利永遠高高興興的，他只需命令別人照他的意思去做事。這些眞的是你的價值觀嗎？」

泰莉沈默下來，開始了解她做了些什麼。爲了有所改變，她必須在教養孩子的事上，牢記一個重要原則，即：孩子的反抗並不等於事實或對錯，孩子在痛苦中並不代表有什麼不好的事情發生，反倒是某些好現象可能正在發生。例如，他第一次了解到「現實」的眞相，而這種與現實的相遇，絕對不會是個愉快的經驗。你若能夠對他的痛苦寄予同情，但持守你的界線，孩子就會內化這種限制，至終越過這種反抗心理。

正如我們早先所引用的經文：「凡管教的事，當時不覺得快樂，反覺得愁苦，後來卻爲那經練過的人，結出平安的

果子,就是義。」(希伯來書十二11)

這是個放諸四海皆準的原則。管教時所帶來的挫折和痛苦,能幫助孩子學習延緩滿足感——這是人所能擁有最重要的品德。你如果能夠持守界線,同情他的痛苦,則他的品德(義果)就會被培養出來。然而,你若不這樣做,明天就還會有同樣的戰役,正如箴言所說:「暴怒的人必受刑罰,你若救他,必須再救。」(箴言十九19)。如果你在界線的事上救孩子免於生氣,就是計畫在往後的限制裡面,面對他更多的怒氣。請記得,他的反抗或痛苦並不能決定那是不是一件好的事情。

原則二:把你的痛苦和孩子的痛苦區分開來

泰莉和我最後發現,她是想要脫離自己的痛苦。杰希難過的時候,她也難過,她太過於認同杰希的痛苦。泰莉在孩提時代曾經好幾次難過失望,她生命中經歷過許多的傷心和失落,結果,當杰希難過的時候,她就假設他的難過和她自己的難過一樣深。她認同他的難過到一個不真實的地步——其實失去看一場棒球賽的難過,並不等於她在孩提時代那種失落的難過。

泰莉逐漸能夠將自己的經驗和杰希的經驗區分,以致能夠讓他成長。然而,這對她是困難的,她需要別人幫她做到。她有一些朋友同意在這種時刻支持她——這個策略通常會幫助那些沒有界線的父母。還記得我的母親在要求我用枴杖蹣跚舉步時,她必須到另一個房間去哭,打電話給朋友求

援嗎？你可能也需要這麼做。你要把自己的痛苦和孩子的痛苦分開，箴言十四章10節說：「心中的苦楚自己知道，心裡的喜樂外人無干。」我們都必須忍受自己的痛苦。

原則三：幫助孩子看到，生活不是要逃避痛苦，乃是要與好的痛苦結盟

基本上，當保持原狀的痛苦大過改變的痛苦時，我們就會改變；當失落的痛苦大過受限制的痛苦時，我們就會選擇「不准看籃球賽」的限制；當失去工作的痛苦真的大過做那份工作的痛苦時，我們就會改進作工的表現；當父母使「不做家事」比「做家事」更加痛苦時，我們就會去學做家事。

生活不是有關逃避痛苦，乃是有關學習好好地受苦。被教導去逃避痛苦的孩子，終歸會面對更多生活中不必要受的痛苦。你因為不知道如何尊重他人，而導致破裂的人際關係，是件很痛苦的事；你因為沒有紀律而從未能達成目標，也是件很痛苦的事；你因為不知道如何控制花費，而導致經濟拮据，也是件很痛苦的事。

上述這些問題都是從傾向逃避暫時掙扎的痛苦、逃避自我約束的痛苦、逃避延緩報酬的痛苦而來。我們如果學習失去馬上想要的東西、對那些不照我們的意思而行的事情感到難過，然後順應困難景況中的現實要求時，就會有喜樂和成功伴隨而來。讓孩子立即受苦，會教導他學習功課。

請你比較下面圖表所列，逃避痛苦的人和接受痛苦的人，在往後的人生中會發生什麼事。

境況	逃避痛苦的人	接受痛苦的人
婚姻上面臨掙扎	◆ 外遇 ◆ 責怪別人 ◆ 回家找媽媽 ◆ 退縮	♥ 學習如何愛得更好 ♥ 預期會有憂傷、饒恕 ♥ 和解
工作上遇到困難	◆ 辭職不幹 ◆ 責怪老闆處理不當 ◆ 轉向酗酒和吸毒 ◆ 沒有好的理由就改行，發展出錯誤的起步模式	♥ 接受別人的建議和批評 ♥ 改變行為 ♥ 學習新的技能 ♥ 回應權威 ♥ 解決問題
達成目標受到挫折	◆ 耽擱 ◆ 用喝酒、吸毒、食物或性，來紓解挫折感 ◆ 放棄 ◆ 沮喪	♥ 把它當作一個認識自我的機會 ♥ 得到需要去獲取的新知識 ♥ 面對自己性格上的弱點 ♥ 從他人得到鼓勵 ♥ 培養靈性
情感上的壓力、痛苦和失落	◆ 否認導致這些現象的那些問題 ◆ 使用像毒品之類的逃避性藥物或其他會上癮的東西 ◆ 找那些能以藥物來助他止痛卻不要求他改變的人	♥ 接受現實並處理這些感覺 ♥ 學習用信仰、請求支援、面對憂傷，及認知上的改變等，這些積極克服困難的模式 ♥ 深入的靈性生活

　　那些踏進去救孩子免受痛苦的父母，在往後的人生，會換成要去救一個依賴性重、吸毒、酗酒、飲食不當、有購物狂，或是染上其他癖癮的成人。他們曾經教導孩子，挫折和

逆境是不必去面對、去處理、去改變自己這一部份的，只需要透過「媽媽」、「爸爸」，或馬上給與的酬謝，當下即可逃避。

你要教導孩子，受苦是件好事。你自己要做出面對問題的榜樣；要做出雖然難過但繼續向前的榜樣；要對孩子覺得「做對的事情很難」寄予同情，然後仍然要求他們去做。

我有個朋友對他那青少年兒子的反抗，一般的反應是給他同樣的幾句話：「我了解，提米，生活是很艱難的，但是我相信你做得到！」當這個年輕人變成大人，在遇到困難的事情時，他不會去想：「我怎麼脫離這種情況？」乃是會聽到內在一個堅定的聲音，要他接受這些掙扎：「我了解，提米，生活是很艱難的，但是我相信你做得到！」

原則四：要確定這種痛苦是讓人成熟的痛苦，不是訴諸需求，或讓人受傷的痛苦

我的心理學家朋友告訴我，有一次他的妻子出門一個禮拜，他要身兼母職地照顧三個女兒。在大約第二或第三天早上，他跟四歲的女兒說了好幾次，要她趕快準備好上幼稚園，但是她就是在那裡蘑菇。

他的挫折感累積到要發怒了，最後，他以一個後果來威脅她，並且開始發怒。那時候有個問題突然進入他的腦海：「如果這是我的病人，我會怎麼做？」

他退回來想了一陣，然後，他所做的，就是找出女兒行為背後的原因。這個孩子通常是蠻乖順的，所以他推測必定

是有個不尋常的原因導致她的蘑菇。他靈機一動，問她：「你是不是在想媽媽？」水閘開了，他女兒奔到他的臂彎裡開始啜泣，他安慰她、同情她、說他也想念媽媽。

他抱著她一會兒之後，她安靜下來，抬起頭來說：「爹地，快點，我們該走了！」她去穿衣服，然後就沒事了。

孩子的行為通常會送出一個訊息，父母需要評量那個痛苦，來找出這是不是挫折性的痛苦，或是有所需求的痛苦，還是受了傷的痛苦。在我朋友的例子裡，這種需要母親的痛苦，導致她女兒反常的行為，而「限制至上」的處理方法，會讓她氣餒。有辨別力的父親評量她的痛苦，最後認為那是有關「想念和需要媽媽」多過於「違抗爸爸」的行為表現。

對待小嬰孩，這種評量尤其重要。嬰孩主要是出於飢餓和孤單的痛苦，而顯出反抗行為。會使孩子成熟的挫折，應當是在生命中的第二年才會有其適當的地位，在那時候，管教和界線才變得重要。明智的母親能夠在「嬰孩需要換尿布、需要喝奶、需要摟抱、太累或因為需要睡覺而生氣」這些事之間作區別。在你要求幼兒處理自己的挫折感之前，要確定他們的需要得到滿足。對待嬰兒，我們常常失之於滿足所需。

大的孩子之所以會行為不當，不僅出於違抗或逃避現實，也有如下這些重要原因：

◆ 從父母和他人而來的受傷感覺。

◆ 對人際關係中的無力感，以及沒有足夠的力量來控制自己，覺得生氣。

◆ 孩子因為失去父母或被人虐待的創傷，可能在某些地方令他痛苦。

◆ 醫學上及生理上的原因。

◆ 精神問題，例如，注意力不足症候群、憂鬱或思想混亂。

◆ 最近家庭結構、時間表、生活型態的改變。

　　所有這些都是孩子開始有不當行為表現的重要原因。在你假設孩子需要面對現實的後果之前，絕對需要先排除這些因素，然而這些理由並不使孩子豁免面對現實的需要，正如我前面所提自己跛腳的故事。但在行為之下的情緒層面，和行為本身是一樣的重要，你可能要帶孩子去看小兒科醫生，確定他／她身體很健康，或是，你如果懷疑有些事比設立界線更需要留意，請務必去找兒科專家診斷。

　　新約聖經裡面有兩節非常重要的經文，給予我們這方面的指引——即第一個需要先排除的痛苦來源，就是你自己。請看下面這兩經經文：

　　「你們作父母的，不要惹兒女的氣，只要照著主的教訓和警戒養育他們。」（以弗所書六4）

　　「你們作父親的，不要惹兒女的氣，恐怕他們失了志氣。」（歌羅西書三21）

　　如果孩子被父親或母親激怒，他們就不會對界線有好的反應。查看你自己是不是在做下面這些事：

◆ 過度控制孩子的生活，使他們沒有力量來控制自己的生活或作選擇。

◆ 以生氣和罪疚感，而不是用同理心和要孩子面對後果來管

教孩子。

◆ 沒有滿足孩子需要你的愛、需要你的關懷，以及給他時間的需求。

◆ 太過要求他們有完美的表現，而沒有去欣賞他們的努力，並給予他們一般行事的方向。

當你評量孩子的痛苦時，請確定那些痛苦不是從真正的傷害、創傷，或某些真正需要管教以外的事情而來，並且確定使他痛苦的導因不是你。雖然有時正常的父母確會導致孩子的痛苦，但他們也會看到自己的錯誤並道歉。犯錯沒有關係，但是逃避犯錯的責任，並責怪孩子因父母犯錯而導致的行為，是不對的。

視為大喜樂

下面這些是我最喜歡的幾節經文：

「我的弟兄們，你們落在百般的試煉中，都要以為大喜樂，因為知道你們的信心經過試驗，就生忍耐，但忍耐也當成功，使你們成全完備，毫無欠缺。」（雅各書一2～4）

上帝並沒有把我們從學習管教和忍耐的掙扎及痛苦當中拯救出來。事實上，主所愛的，祂必管教，正如父親管教他的兒女一樣（希伯來書十二5～10）。祂也說：「不忍用杖打言孩子的，是恨惡他，不是愛他」（箴言十三24）。

寶貴的石頭要加以琢磨，才會光滑、發亮；熱火才能煉出純金；加強鍛鍊才會使運動員強壯；延緩酬謝和努力研習，才會使學生成為外科醫生。同樣的，掙扎會琢磨孩子的

品格；等候獎賞會使孩子學習如何表現；試煉和痛苦教導我們功課，建立我們克服困難所需要的品格。

你要評量孩子的痛苦。如果他們有急需或受傷，要馬上跑過去幫他們，但若他們是在反抗現實的要求，以致不能有下一個階段的成熟度，你就要同情他們的掙扎，好好處理，但讓他們貫徹到底，以後他們會感謝你的。

孩子學會看重生命中的痛苦，而不是逃避時，就是準備好解決他們的問題了。但是你想要的，就是讓孩子在過程中先採取主動。在下一章我們要告訴你如何使之發生。

第十章

不必永遠發脾氣

積極律

我（約翰‧湯森德博士）住的那條街，很多家庭都有小孩。下班後吃晚飯之前，我最喜歡做的事情之一，就是聚集一群孩子在街道上玩壘球。我們在柏油路上用粉筆畫壘，用塑膠球棒和泡沫塑料球來打球，從來沒有哪戶人家的窗戶被打破，而且樂趣無窮。

某次比賽，六歲的戴瑞克被三振出局，他把球棒甩在地上，叫著說：「你們都是笨蛋，我討厭你們！」然後衝到他家門口，坐在台階上怒視著我們。

我關心戴瑞克受了傷的感覺，便離開比賽走向他，想要勸他回來加入我們，但他不僅不領情，甚至轉身背對著我們，最後我只好放棄，回到比賽中，但是對他失去玩球的機會，和他們那一隊少了他一個人而感到遺憾。幾分鐘以後，戴瑞克站起來，走到外野，繼續玩球，好像沒有事情發生過一樣。

兩天晚上之後，我們又一起玩另外的投接球遊戲。戴瑞克漏接了一球，然後同樣的情形又發生了，他又大發脾氣地

離開。我們繼續玩，調整一下少了一個人的玩法，然後戴瑞克冷靜下來之後，就再回到我們當中。

我起初認為，這沒關係，他需要時間冷靜一下，把自己的情緒處理好就是了。但後來我了解到兩件事：第一，戴瑞克在逃避遊戲當中所面對的任何問題，他從來不去處理挫折、失敗或增進技巧這些事，他發脾氣的反應搶先奪去了他的學習機會；第二，他的朋友必須適應他的不成熟，有問題的人是他，但他的朋友卻要為此付代價，我可以從表情和議論看得出他們對他的舉止很憤怒。我為他將來交朋友所會產生的問題覺得難過。

下一次看到戴瑞克的時候，我停下來和他說話。我說：「戴瑞克，我為你在比賽的時候玩得不愉快覺得很難過，要學會一項新的遊戲，不是容易的事，但是當你老是玩到一半就離開，不但你失去樂趣，其他孩子也失去一個玩伴。所以我要給你一個新的規定：你在遊戲的時候不高興沒關係，我們也會幫你學習那些對你困難的遊戲，但是不可以半途離開，如果你再這樣做，就不可以再回來玩。我希望這會幫助你跟我們待在一起，因為我們都很喜歡你，也不希望失去你。」

戴瑞克表現得好像他沒聽到我說的話，不過我已經跟他說得有夠清楚了。

隔天孩子們和我又一起玩另一場投接球遊戲，戴瑞克又漏接了一球。令我失望的是，他又發脾氣離開了，就像他以前做過許多次一樣。我們剩下的人繼續玩球，幾分鐘以後，戴瑞克又安安靜靜地走回外野，像往常一樣站在那裡。我停

止投球，走向他說：「戴瑞克，抱歉，下場球再見！」他大怒，發誓再也不跟我們玩，然後離開我們回家去。

我因為關心戴瑞克父母的反應，便打電話給他們，他們對遊戲的規則很支持，也認為戴瑞克的行為有問題，但是不知道該怎麼辦。

幾天以後戴瑞克又老戲重演，我堅持那個限制。

戴瑞克在第三次的時候，總算有所改變了。當他在二壘被刺殺出局的時候，他還是抗議，但這次很快安靜下來繼續玩下去。你可以看到他在處理自己情緒時，臉上掙扎的表情。孩子們和我都為著他留下來和我們待在一起而歡呼，然後我們繼續玩下去。你可以看得出來他也很以自己為榮，因為他比以前更能夠控制自己的行為和反應了。

戴瑞克的例子，在某種程度上說明了在養育孩子和設立界線上，存在於我們每個人身上的問題——「被動反抗」和「主動反應」，以及「在反抗中暴跳如雷」或「成熟地回應問題」之間的掙扎。孩子需要學習「不成熟的界線」以及「成熟的界線」之間的區別。你的任務就是幫助他們培養能力來設定適當的界線，而不是爆發情緒或衝動行事。

孩子反抗時

孩子不是天生就能夠自然地做出深思熟慮的行動。他們不是那麼容易接受「不」；卻很容易就放棄；對於需要繼續努力的事，常常在怒氣中撒手不管，或拂袖而去。他們對壓力採取反彈的態度，而不是去面對。你常常可以看到，在問

題的出現和孩子的反應之間，有一個短暫的間隔，而孩子的行動通常不能解決問題。戴瑞克的反應包含了真實的感覺，但並沒有幫助他學會玩壘球，或是和其他小朋友相處得更好。他雖然可能很懂得對錯誤或不好的事加以反抗，但仍是不成熟的反應。

孩子們可能會採取下列的行為反應：

◆ **發脾氣**。原本笑嘻嘻、開開心心的孩子，在你不准他買想要的麥當勞玩具時，突然變成尖叫不休的瘋子，其他的顧客瞪著你，為了不讓他們以為你在虐待小孩，你就趕快買了玩具了事。

◆ **反抗到底**。孩子對你所說或所要求的任何事情都予以反抗。他違抗你對他清理房間、自己收拾玩具、做功課，或進屋子來不要待在外頭的要求。

◆ **哭訴**。在面對你的界線或某些其他限制時，孩子立刻開始可憐地哭訴，他可以毫無道理地哭上好幾個小時。

◆ **衝動**。孩子在被人拒絕某些事時就跑開，說一些傷人的話，或是很快地用某種方式表現出來。例如：在超級市場購物時，你要他到這邊來，他卻急急忙忙跑到另一條走道去。

◆ **打架和暴力**。孩子用肢體語言來表現生氣的反應。他很容易在學校裡挑釁打架，在家裡亂丟東西，受挫折的時候就欺負弟弟妹妹。

有幾個普遍的因素可以來描述孩子的被動反抗。

第一，孩子的回應是「反動」，而不是「行動」——亦

即，他們的行為是由某些外來的影響力決定，不是由自己的價值觀或思想來決定。「反動」的孩子是處在一種持續違抗某些人、事、物的狀態中，他反抗父母的權威、抗議遲來的酬謝、反對別人沒有照他所要的去做。他們不主動去解決問題、滿足需要，或幫忙滿足別人的需要，而是依賴周遭某些其它的動力。

第二，孩子的反動是敵對性的——他們就是反對到底。他們所採取的立場就是，反對任何他們不喜歡的事，但也不贊同他們想要或看重的事物。他們會持續地反抗界線，就像在餐廳吃飯的時候，不管父母建議他吃什麼一律回答「不要」。孩子用他的自由來不同意你，以此為手段使你挫折。聖經教導我們「若相咬相吞，只怕要彼此消滅了」（加拉太書五15）。「相咬」這個字是比喻用詞，有「反對」之意。亦即反對父母想要控制孩子的意願。

第三，孩子反抗界線非因價值觀的驅使。靈性上及情緒上成熟的指標，在於有能力根據自己的價值觀念來作決定，就如我們最高的價值是「求上帝的國」（馬太福音六33），我們生活上許多決定即以此作指標。但是，照著孩子天然的本性，他的反抗不是經過仔細思考，反倒比較像是醫生用橡膠槌輕敲你的膝蓋時的自動反射，而不是由更高的認知或心中的價值觀念來調適行動。

有許多父母曾經被生氣的三歲孩子快速衝到滿是車子的街道上給嚇到，而他這樣做只因為父母叫他進門。孩子會很自然也很無知地行事，如果父母不幫助他們學習自我控制，

他就會像聖經所描寫那種急躁易怒的人：「輕易發怒的，行事愚妄」（箴言十四17）。

反抗界線：必要但不充份

看到這裡，你可能會想，反抗界線對孩子是不好的事，然而事實上，這在孩子的發展上仍然有其地位。讓我們來看看這究竟是什麼意思。

必要性

乍看之下，「反抗是必要的」似乎令人困惑。事實上，孩子反抗界線並非壞事，因為這是他們生存和成長所必須學會的事情。孩子需要能夠對所反對的、不喜歡的、害怕的事情加以反抗。若不是這樣的話，他就會陷在無法自力更生的極大危險當中，變成缺乏自主性或不成熟的人。

反抗壞事是孩子的基本界線，他們需要能力來「棄惡擇善」（以賽亞書七15）。孩子除非能夠避開對他不好的事，否則無法保有和使用所得到的愛。「有能力去反抗」，幫助孩子界定自己，去蕪存菁，並培養能力為自己的「寶藏」（亦即品格）負責任。

孩子處在危險當中時，需要學會反抗。例如，在遊樂場上被惡霸所欺負的孩子，必須懂得大叫或跑去找人幫忙；如果需要沒有得到滿足，他也必須要懂得反抗；三個月大的小嬰孩需要食物和安慰時，會用大哭來叫媽媽。

然而，孩子反抗的並非都是壞的事情，生活中有許多的

問題和障礙並非都是邪惡或危險的事，例如，孩子可能會對你拒絕買「任天堂64」給他，或是你不贊成他對老師的態度，或是你讓他在房間裡罰坐而反抗你。這些是孩子需要解決的基本問題。他可能需要和某個人談談，或是還擊、妥協、服從、忍耐、悲傷等等，孩子需要學會這類問題的解決方法，學習成為成熟的大人。

「反抗」表示他認同問題，但不能解決問題，這就是「被動反抗」和「主動回應」之間的差別。「被動反抗界線」顯出某些事需要處理；「主動回應界線」則在修補某些已遭破壞的東西。被動反抗界線通常是受情緒驅使、出於衝動、未經三思；主動回應界線乃是以價值為本，經過深思，並著重在解決問題。

在一本幫助孩子約束自己的書裡面，這種支持孩子反抗的論點，可能聽來讓人有點糊塗。然而，沒有這種反抗能力的乖順孩子，通常在往後的人生當中會有很多掙扎。

有些人長大以後，很容易被較為霸道的老闆、配偶、朋友所掌控及操縱；無法對壞的事情說不的人，很容易被人佔便宜或利用。有些人則到成年的生活中才發展出對界線的反抗態度，結果經歷了嚴重的紊亂階段，在卅五歲的時候表現出兩歲孩子的脾氣。

上帝原先就是設計好要人經過一些成長的階段，這些階段是不能跳過去的（約翰一書二12～14），如果我們大致是朝著正確的方向前行，就會導向自主和成熟。

我的小兒子班尼在八或十個月大的時候，我曾經用湯匙

餵他壓碎的花椰菜，那天我才下班回家，還沒有脫下上衣，一點都不知道班尼對花椰菜沒興趣，但他用自己的方法告知我那個事實。

班尼並沒有事先讓我知道他對花椰菜的反感，他並沒有大聲說：「爹地，我不愛花椰菜，我們可以先商量一下嗎？我們可以想辦法從別的食物來得到我所需要的基本營養，而不要用花椰菜嗎？」他只是像許多嬰孩對花椰菜所做的那樣──把它吐出來，我的上衣就成了他反抗界線的主要目標。這個經驗和許多其他的經驗，幫助班尼主宰他的感覺、經驗和寶藏。

孩子有許多理由來反抗界線：他們因為無力又無助，所以要反抗；他們因為個性幼稚、不成熟，所以不能忍受遲來的獎賞，也很難想通衝突的原因；他們因為不懂得觀察自己和別人，所以很快就去處理挫折情緒，而不顧後果。

透過持續地培養能力和技巧，孩子的被動反抗界線會帶來成熟的、喜歡界線的心態和行動。下面是這種心態和行動的進展過程：

◆ 孩子天生就會害怕和無助，他怕受傷害、怕失去愛、怕死，他沒有什麼能力來照顧或保護自己。

◆ 孩子變得出於害怕而順從，因為他害怕抗拒之後的結果。他會忍受那些不喜歡的事情，例如，意願得不到滿足、挫折感、父母不在、甚至虐待等等。

♥ 如果有足夠的愛讓他覺得有安全感，他就會開始安心地表達對不喜歡或不想要之事物的憤怒。

◆ 他用流淚、發脾氣或出走，來設定他對界線的反抗和反對。

❤ 這些界線讓他可以認同自己，並認清有待解決的問題。他開始可以自在地說出「不要」或是「可以」。

❤ 因著父母的支持和引導，孩子培養出基於更高層次動機的「主動回應界線」（參考第六章），在敬畏上帝的利他主義（愛上帝和愛人）前提下，達到極致（馬太福音廿二37～40）。他不再需要因為覺得無助和被人控制而發脾氣，因為他能夠控制自己。

不充份

當我們看到上面所述的前後關係，會發現單是被動地反抗界線，不足以過一個成功的成人生活。「反抗」是會保護和幫助孩子免受壞事的影響，但僅為一種狀態，不是認同本身。

光是被動地反抗界線還不夠的理由是，從未超越被動反抗界線的孩子，會發展出一種受害者情結。長大成人以後，他們會覺得受人控制，受外在力量，如配偶、老闆、政府或上帝所強迫。他們看不出自己有任何選擇的餘地，因此就留在無助的狀態，把生活中大部份的掙扎歸咎於外因，而不認為是自己內在的問題。

也因為這樣，他們永遠無法在生活中有所改進，因為對他而言，「從外在而來的問題真的無法解決」。其實，我們大部份的痛苦是出於自己混亂的態度，或對別人混亂態度的反

應。當我們了解這一點，就能夠自由地作選擇。

　　另一個理由是，孩子的成長不只是靠所恨惡的人、事、物來認同，被動反抗界線只在孩子所反抗的事上幫助他們。維持在反抗階段的孩子，很難交到朋友或留住朋友，不但很難和擁有權威的人相處，也很難達成目標，找不到自己的才幹、興趣和熱望。他們是那樣地投入在「反抗」之中，以致無法培養出「贊同」。就如戴瑞克很難交到朋友，因爲他發展出反團隊、反規則和反合作的壞名聲。

　　但孩子如果對每件事情都乖順、安靜地回應，也可能有問題。就像班尼，若他事事服從可能就延遲了吐花椰菜的時間！與其結婚以後才這樣做，不如現在就反抗。鼓勵孩子爲自己想一想，告訴他可以不同意一些事情，但他必須接受你的權威，鼓勵他談談他的感覺。「被動反抗」幫助孩子尋找自己的界線，但是，一旦他找出界線，知道自己不喜歡的是什麼，並不代表他可以藉著找人報復、逃避問題，或不負責任，來自由地縱容自己的感覺。

主動回應界線

　　過去幾個秋季我一直擔任青少年的足球教練。第一天練習的時候，我們把孩子聚在一起，開始說明技巧和策略。幾分鐘之內我就看得出哪個孩子會反抗界線，哪個孩子會回應界線。

　　從一方面來說，那些會反抗界線的孩子不喜歡聽人指揮，他們互相戳來戳去，很容易被激怒，對未能馬上學好的

訓練顯得很厭煩，你只能希望他過了一季以後會有進步；另一方面，那些主動回應界線的孩子，會專心聽訓，犯錯之後會從中學習，如果不喜歡某些事或需要什麼東西，會講出來。

例如，反抗界線的男孩會很厭煩地叫說教練很壞，因為教練的要求太嚴格；而主動回應界線的男孩會請教練讓他休息一下或要些水喝。

孩子主動回應界線的態度，是從被動反抗界線中慢慢成熟的。下面是主動回應界線的表現，其中並包含幫助孩子發展這種態度的方法。

主動回應界線乃是從「認明」問題，超越到「解決」問題。孩子需要知道，他的反抗只是認清楚問題，不是在解決問題。發脾氣不能解決任何事情，他需要以這種感覺去激發自己採取行動，指出眼前的問題，好好思考要做什麼回應，並且在可行的解決之道中選擇最好的一個。

你要用孩子已經驗過的被動性反抗界線，來幫助他完成這項工作。雖同情他的怒氣和挫折感，但要讓他知道，唯一結束問題的方法，就是自己去解決。

你可以跟他這麼說：「我知道你對需要關掉電視先去做功課很生氣，做功課當然不像玩樂那樣有趣，但是你如果為了電視來和我爭吵，就是在選擇一整個禮拜不看電視，我不認為你想這麼做。因此，你有方法來讓我知道你對要關掉電視覺得很失望，但還是去做我說的事情嗎？」

他試驗過幾次以後，就會從經驗中肯定你對所設的界線

有多認眞。當你跟他說，他可以用適當的方式讓你知道他討
厭做功課時，通常在這種時候，典型的表現就是：「哦！媽
媽！我討厭做功課！」然後，從沙發上站起來，拿出鉛筆來
……

　　請記得，你的工作不是讓他喜歡離開電視去做功課，乃
是鼓勵他負起責任來做對的事情，他需要靠自己的意見和感
受來發展自己的認同感。有些父母和老師會要求孩子：「做
我要你做的，而且要喜歡它！」他們堅持孩子在行爲和態度
上要一致。這種做法不但未考慮到孩子的感受，而且惹孩子
的氣，讓他氣餒（以弗所書六4；歌羅西書三21）。

　　主動回應界線包括了孩子對事情的贊同和反對兩方面。
被動反抗界線幫助孩子認同什麼是「非我」，以及他們不喜歡
的是什麼，然而，成熟不僅止於此。孩子需要知道他們是什
麼，不是什麼；他們愛什麼，不愛什麼。當他們發展對朋
友、嗜好、工作、才藝的喜愛時，就會被美好和正確的事所
驅使和激發。上帝透過祂所厭惡的（箴言六16～19）和祂所
喜愛的（彌迦書六8）來界定自己。

　　你要幫助孩子發展主動回應界線裡面「贊同」的那一
面。一個超越被動反抗界線的情境，通常是很好的學習基
礎。當孩子覺得可以安心地表達反對的意見和他的厭惡時，
也會更有開放的心胸聆聽父母的教訓。你要告訴孩子：「我
了解你對今天晚上不能和朋友出去很生氣，但是我們認為你
花時間和家人在一起，以及做功課，是很重要的事。我們說
不准，不是因爲要對你不好。」

　　我認識一個家庭，他們七歲的兒子泰勒正處在和母親之間的權力大鬥爭之中。他對她所說的任何「去做」或是「不准去做」都要反抗，他對界線的反抗既明顯又持續。最後他母親到他臥室去要和他談話，她一打開門，掛在門口上端的杯子就翻倒下來，從頭到腳灑了她一身牛奶。

　　任何父母在這種時候都會爆發脾氣的，但是泰勒的母親沒有發火，她臉上滴著牛奶，但是平靜地說：「兒子啊，這是很嚴重的事，我會花些時間好好想一想該如何處置你，我會讓你知道的！」下面幾個小時對泰勒而言，就像等在監獄裡受酷刑一樣。那時候他的母親請先生來和她一起做了個計畫，這個計畫包括限制泰勒的時間，例如，不准看電視、限制他在外頭玩的時間、限制他和朋友在一起的時間，並且必須承擔後果，像洗地毯、以及學習如何用洗衣機來清洗媽媽的衣服等。

　　另一個發展幫助泰勒從被動反抗界線，進展到主動回應界線的層次。他為了逃避「自己像個壞孩子」的感覺，便就這件事跟爸爸開玩笑說：「爸，你不覺得很好玩嗎？」

　　他的父親擺出嚴肅的面孔說：「不，兒子，你那樣做真的很惡劣，你的怒氣發得太過火了，這對你媽媽實在太難堪了！」

　　「但是，我看過這樣的表演，是很好玩的把戲呀！」

　　「泰勒，」他父親堅定而不嚴厲的說：「我真的不認為這種行為有什麼好玩的，一點也不好玩！」

　　幾個小時之候，泰勒的媽媽聽到他在跟妹妹說：「凱

莉,不要笑,倒牛奶的把戲不是好玩的事情,它可是傷害人的!」泰勒對凱莉的界線和他當時對媽媽所做的,簡直天壤之別。那是以愛為本,且是深思熟慮的態度。泰勒從母親身上嚐到自食惡果的滋味,從父親口中知道了現實的界線,因此得以從被動反抗界線的態度,轉變成以同理心作為出發點,也培養出關心別人感受的態度。

通常在你對孩子被動反抗界線的態度,予以同理心但不讓步之後,才會有這種改變。孩子會接受你愛心的界線,軟化他自己所設那個粗野的界線。孩子有時候在一個像這樣的事件發生之後,會經歷短暫類似「黃金」般的美好時段,他們會未經別人請求就主動幫人,沒有太多抗拒就順從要求。

你如果曾經因為生氣而撤回對他的愛,或攻擊他,那麼他在這個時段可能會想辦法與你重修舊好。但是你如果保持和孩子的聯繫,上述這種行為就一定會出現,因為他做到了你對他的限制,覺得不是那麼無法控制自己,不是那麼容易衝動,也覺得有安全感。然後,這就使他對家人有了感激和溫暖的感覺。容我重申,這就是主動回應界線的本質。

主動回應界線意味著孩子不受他人的控制。被動反抗界線的孩子和一直處在反抗狀態中的孩子,仍然是在依賴別人。他就像乒乓球一樣,從父母跳到兄弟姊妹、再跳到朋友,抱怨別人沒有善待他。促使他們的感覺和行動的,是別人有沒有對他做什麼。而那些主動回應界線的孩子並不受別人的控制所驅使,他們有所謂的內在控制場所,亦即他們如何看待生命、他們的決定,以及對環境的反應,都是受自己

內在的價值觀和現實所導引。

　　你可以幫助孩子達到這種成熟界線的重要層面。當他處在被動的「反抗模式」時，要記得認可他的感覺，但仍然堅持你的限制或要他承擔後果，然後說：「你知道嗎？你愈和我爭吵，就愈少時間去做你愛做的事，然後你就得上床去。如果你願意的話，我很樂意現在就停止爭論，然後你可以去玩，你認爲呢？」

　　如果孩子還要繼續吵下去，以爲你只是說說而已，不是當眞，你不要放棄，但也不要再和他講下去，只要堅持立場。他至終就會明白，如果他不肯放棄和你唱反調，他寶貴的時間就控制在你的手中。你要他上床去睡覺，以及減少他玩的時間，會幫助他了解聖經教導人把握時間的原則：「要愛惜光陰」（以弗所書五16）。

　　通常「敏感的孩子」會對這種界線的成長感到煩惱，他很容易從別人對他或眞實或感覺上的不友善，受到傷害。他尋求媽媽的安慰，因爲她總是盡力安撫他的心，然後他出去又再次受人傷害。當他大到可以上學的時候，那些比較強硬的孩子嗅得出他的氣味，就會要來置他於死地，他得到一個「容易上當者」的名聲。

　　敏感的孩子通常很依賴別人的反應，而不是他自己的價值觀。如果每個人對他好，和他意見相同，則世界上什麼事都是對的。他有個幼稚的想法，希望跟所有的人全然親密，沒有不和也沒有衝突。如果你的孩子有這種傾向，你需要幫助他用主動回應界線的態度，獲得更多內在的控制，並且幫

助他脫離這種悲慘的境遇，獲得自由。

　　我的朋友珍有個女兒有這種問題。九歲的布蘭特妮經常一回到家就開始哭，因為別人對她不好。珍先了解到底問題出在哪裡，她發現有時候人家是很壞沒錯，但有時候只是小孩子的惡作劇而已。珍發現她雖用了許多的肯定和鼓勵和女兒一起處理朋友的事情，卻仍無法解決問題，所以她來找我談。我們發現珍在不知不覺當中，不是在為布蘭特妮的掙扎提供解決之道，自己反倒成了女兒的問題。

　　珍會花好幾個小時的時間，仔細傾聽布蘭特妮每個細微的想法、感覺或所經歷的活動等等。雖花掉整天的時間來聽女兒說話，她還是很有耐心。時間一久，珍發現布蘭特妮只是想要有更多和人聯繫的時間，而她需要媽媽和她一起處理她的情緒，比對她兄弟姊妹的需求來得多。

　　珍的投入，讓布蘭特妮相當倚賴她。布蘭特妮自己沒信心，她覺得自己沒辦法照顧自己，因為媽媽總是在身邊。然後，當朋友和她吵架時，她就沒有內在的資源來回應。她覺得沒人愛、無助，也覺得受朋友的控制，所以不知不覺中，她也在控制珍，因為珍沒有持守對女兒的界線。布蘭特妮沒有去控制那些她該控制的（例如與朋友的關係），卻去控制她不該控制的（媽媽的時間），因此，她仍然保留在「被動反抗」的狀態。

　　珍了解所有這些情況以後，坐下來和女兒解釋說：「小乖乖，我很愛你，我也喜歡我們在一起的時間，但是我沒有足夠的時間來聽你的每個想法和感覺，我也要你為自己的情

緒負起責任。我知道你可以思考和處理這些情緒，所以，從現在開始，我每天晚上只會給你二十分鐘的時間談你的事，除非眞的有很大的問題不能等，你可以馬上跟我講，因此，你要確定所要告訴我的事眞的是對你最重要的事。」

當然，珍給布蘭特妮的時間不只這些，但那是唯一眞正「計時」的時間。布蘭特妮不喜歡，想要試驗這個界線，但是珍堅持下去，結果看到女兒在與朋友的關係上，逐漸培養出更多的自信，也較少流眼淚了。布蘭特妮變得更能主動照顧自己，有兩次竟然忘了跟媽媽分享，因爲媽媽在忙別的事。她脫離了他人的控制，也不再受母親的控制，或控制母親。請記得，「各人必擔當自己的擔子」（加拉太書六5），古老的諺語有這樣的智慧在其中：「如果你想要修理孩子，先修理父母。」

主動回應界線非關報復和公平，乃關乎負責任之事。被動反抗界線是用「以眼還眼」的舊約律法來行事，如果孩子推了人，那個被推的孩子就回推他一把，這種「以其人之道還制其人」的做法，是從「公平」和「報復」的動機引發出來的。然而，主動回應界線乃是關乎更高的動機，例如負責任、正義感，以及對別人的愛。正如新約聖經所教導：「不要以惡報惡」（羅馬書十二17），孩子應當關心的是，如何制止自己和別人做惡事，而不是嚴厲的報復。這個爲惡付代價以致除去報復之需的工作，已經在十字架上完成了（彼得前書二24），這也包括了公平和公義的要求。

我們支持那些可以幫助孩子照顧自己的事情，例如「如

何自衛」的課程，可以幫助孩子學習保護自己，並有自信和其他孩子來往。然而，我們不支持「孩子生氣時應該和人打架」這種觀念，因為這就把反抗界線和回應界線混淆了。

被動反抗界線要求報復，許多好鬥的成人，在巨大的權力鬥爭裡面，不能夠守住工作和婚姻，就是因為他們從來沒有脫離孩提時代的反抗狀態，他們就是放不開那份冤屈或羞辱，無法向前走。

主動回應界線的人，卻是以截然不同的方法來行事，他們不會讓自己被人欺負、被人傷害，但也不是十字軍戰士，去反抗每個在遊樂場上欺負人的太保。

有個好方法可以幫助我們看出兩者的區別：被動反抗界線的人會去和那些經常惹怒他的朋友打架，主動回應界線的人會決定你需不需要那一類的朋友。

對父母而言有個相關的問題是「要求公平」。例如，孩子對你處理某些問題的反應是「不公平！」時，你要不就是對不能全然公平感到愧疚，要不就是和孩子一起反對那個壞孩子或老師。但這會讓孩子一直停留在反抗的狀態，助長他覺得自己是個受害人的心態，總是希望世界上的人要公平待他。

你反倒要告訴孩子：「你說得沒錯，有很多事情的確不公平，而有時候當你該受處罰時我放你一馬，這也是不公平。你的需要對我很重要，但全然公平對我並不重要，在這個家裡面，只要你好好的，對你就是很公平了！」這樣的說詞會幫助孩子把焦點放在滿足自己的需要，而不是去評論這

個世界對他是否公平。

培養主動回應界線的技巧

　　主動回應界線是需要重複學習的，它是從被動反抗界線的金屬提煉出來的精金。你需要教導孩子幾樣技巧，當這些技巧和他反抗的立足點相結合時，會使他成爲有自制力、有價值觀的人。我們要在下面列出幾點技巧，請你著手去做直到擁有它爲止，如果你沒有這些技巧，讓孩子知道，然後你們一起學習。

　　「時機恰當」在這裡很重要。你們還在打仗的時候，不要仔細來看這些技巧，等到孩子到達可教的地步，他在幾次攻擊你的界線失敗之後，再逐漸地和他練習這些技巧。

- ❤ **暫停不要有反應。** 當孩子馬上採取反抗態度時，讓他重複幾次想要做的行動，每次和他好好談一談，直到他看到他不需要反抗爲止。會生氣甩門的孩子需要看到，縱使在大怒當中，他也能夠輕輕地關門二、三十次。

- ❤ **觀察。** 幫助孩子作他自己的學生，重複那個事件，幫助他看到在他挫折之外的其他現實之處。

- ❤ **觀點。** 孩子需要知道你對他發飆的看法，他認爲自己的感覺是絕對的眞理，你要幫助他看到他的感覺就是感覺，而且感覺是會消失的，感覺並不總是給我們看到絕對的現實，別人的感覺也很重要。

- ❤ **解決問題。** 幫助孩子看到解決問題的其他選擇，或是其他讓自己的需要得到滿足的方法。例如，如果鮑比不和你

玩，為什麼不試試看和比利玩呢？

● **現實**。不是黑白分明的事上，幫助孩子折衷和協商。他需要知道，雖然他的需求不能夠完全得到滿足，但挺不錯就可以了。例如，他可能在學校的表演不是當主角，但是他扮演的那個角色是好角色就夠了。

● **主動**。孩子需要了解除非他主動處理問題，否則就會對同樣的問題永遠有相同的反應，得不到解決。聽聽電台脫口秀主持人說的話：「為什麼人們每天都在抱怨同樣老掉牙的事情？」請不要再強調抱怨；要促使他作個解決問題的人。

● **請教他人**。如果你已經盡力做了一切，不知道還能做什麼，請教某個你信任的人。不要作個獨行其事的父母。

結論

父母需要擔心各式各樣的事情。如果孩子從來沒有發過脾氣，你就要擔心了，但是孩子如果發太多脾氣，並且被困在反抗性的階段，也要擔心。你可以用有愛心但堅定的立場，幫助孩子從被動反抗界線，成熟地進到以愛和現實為基礎的主動回應界線裡面。幫助他為自己的生活、個性和道德作主，「不從惡人的計謀，不站罪人的道路，不坐褻慢人的座位，這人便為有福」（詩篇一1）。

如果有任何事情會毀了孩子的正直和節制，就是「好說閒話」，或是心理學家所稱的「三角關係術」。在下一章你會學習如何幫助孩子在人際關係方面顯露他的界線。

第十一章
懂得感恩更快樂
嫉妒律

如果以下的說詞聽來很熟悉，這表示你在處理有關嫉妒的事情。

「人家蘇西都有！」

「我好無聊喔！」

「這個玩具我玩膩了，我要那一個！」

「不公平，是喬易先開始的！」

只要有孩子，你就得處理嫉妒的問題。

嫉妒是人類情緒中最卑劣的一部份，從某個程度來說，所有的人都會嫉妒，但正如你所留意到的，並非所有的人都具有同等程度的嫉妒心，也不是每個人的生活都受嫉妒所支配。請觀察周遭所認識的成人，看看能不能辨識出來，在某些比較不快樂的人身上，「嫉妒」是如何扮演它的角色。嫉妒的人會有如下的表現：

◆ 渴望擁有更多物質上的東西。

◆ 對配偶感到厭煩，想要找新的刺激。

◆ 無法對已經擁有的東西感到滿足，也不覺得享受。

◆ 常常想要跟同事或鄰居比社會地位或經濟條件。

◆ 過度看重地位、權力、身分、財富。

◆ 對工作或職業一直覺得不滿意。

◆ 對那些有權勢、地位、才幹,或擁有很多東西的人,常存批評的態度。

◆ 嫉妒階層比自己高的人。

◆ 經常覺得自己該受特殊禮遇,要別人視他們為「特殊人物」。

◆ 他們不屑於別人的批評或質問。

　　然而,嫉妒最可悲的一面,就是那個嫉妒的人一直覺得很空虛,沒有什麼事情有夠好,沒有什麼事物可以滿足他們,無論成就了什麼或獲得了什麼,其中都有不對勁的地方。在他們的生活裡面,永遠沒有滿足的時候。

　　對孩子而言,嫉妒就是不停地「想要更多」,一般而言,孩子在接受界線之下成長時,這個問題到某個程度就會消失。本章的目的就是要教導你如何將孩提時代正常的嫉妒心理,轉換成接受、感恩和滿足的心態。

「受之無愧」與「感恩心態」的比較

　　我們很難指出哪一種性格傾向會致使人們的生活更加不幸,但要提出種種比較之後的項目並不困難!的確,在三、四個具破壞力的特性裡面,最有害的,莫過於擁有「受之無愧」的特性。「受之無愧」就是指,某人似乎覺得每個人都欠了他東西,或是認為因為他存在,別人就必須給他特殊待

遇。

　　有這種性格傾向的人，認爲他應該享特權、受到特殊待遇、擁有別人所擁有的東西、受人尊重、被人愛，或得到任何他想要的事物。當他得不到想要的東西時，他就覺得那個沒有給他所要東西的人是「錯的」。他反抗那個人，好像他自己是犧牲品，遭受別人、機構、上帝，或任何他所索求對象之惡待。他帶著「你應該……」的感覺，總是要求別人給他某些東西。

　　這種人到成年的時候，常常認爲有權在工作上得到升遷、加薪，或本非他該得的特權；在婚姻關係裡面，他批評配偶爲他做的不夠多，或不在他覺得有需要的事情上讓步，過一陣子之後，雇主或配偶就對這些抱怨和責怪感到厭煩了——到最後呢？也厭倦了這個人。

　　起先孩子認爲他有權利控制別人，想要什麼的時候就非到手不可，得不到就抗議。嬰兒在早期階段的確需要立即得到注意和照顧，但在他們得到這些關注、也長大一些之後，如果還一直認爲他有這種權利，而不願意去順應現實，也不能配合家裡、學校其他的人或遊樂場，就會養成惹人厭的個性。

　　然後，他會覺得有權利不必受苦、不必做事、不必照規矩行事、也不必受界線規範。

　　接著，他會覺得有權利得到別人所擁有的東西，因此，他在家裡就會反覆出現下列說詞：「蘇西可以出去玩，我也可以啊！」或是「蘇西有，爲什麼我就沒有？」

他們帶著「別人有，我也要有」的心態來強求父母。你會常常看到下面這種現象發生：有個孩子高高興興地玩玩具，似乎自得其樂的樣子。突然間，他看到另一個孩子有某個玩具，是他更喜歡的，他就嫉妒了，手邊的玩具變得一點都不好玩了。然後，如果他得不到那個玩具，他就抗議，因為他認為有權利得到它。

嫉妒和受之無愧的相反是「感恩」。感恩的心來自於覺得白白地得到一些東西，不是因為我配得，乃是因為別人以恩慈來給予我們。我們在愛中覺得感恩、珍惜所得到的一切，而且更重要的，是覺得「能擁有這一切真是幸福」。

這和「只擁有這些好像被騙了」的受之無愧和嫉妒，是截然的對比。感恩的人既快樂又充滿喜樂；嫉妒的人既可憐又充滿怨恨。沒有人喜歡和心存嫉妒又自認受之無愧的人在一起，每個人都喜歡和有感恩心態的人在一起。

嫉妒和感恩這兩種心態，與一個人真正得到的東西沒有太大關係，卻與他的品格有更大的關係。你把東西給具有受之無愧、嫉妒心態的人，對他們和對你都沒有甚麼益處，他們只是覺得你總算還了欠他們的債；你把東西給懂得感恩的人，他們會覺得自己真是幸福，也覺得你真是好人。父母需要幫助孩子處理受之無愧和嫉妒的心態，讓孩子朝向懂得感恩的境界邁進。

兩個媽媽（爸爸）的問題

孩子來到世界上的時候，對關係上的本質感到困惑，他

們心裡面並不認為是在和一個人交接，而是和兩個媽媽（或兩個爸爸）交接。對他而言，只有好媽媽（爸爸），或壞媽媽（爸爸）之分。好的那一個會滿足他，當他餓了、有需要了，只要一抗議，好媽媽就來解除他的壓力，他得到滿足的時候，就認為這是個「好媽媽」；然而，他如果想要某些東西卻沒有隨即送來，他的願望受到挫折，則那個沒有滿足他的人就被看成是「壞媽媽」。

你可能還很清楚地記得，當孩子聽到你說「不可以」的時候，他說你是「壞媽媽」這並非不尋常，乃是普世皆有的現象。

有些人到了成年還沒有解決這個問題。你如果做他想要的，他就很愛你，看你是好人；如果跟他說「不」，他就因為你不給他想要的，看你是壞人，是罪大惡極的人！然後，當你滿足他了，他又看你是個好人。

這一點的另一面，是孩子心裡面會有什麼想法。他們得到想要的東西時，就會看自己是「該得」這一切的；受挫折時，則看自己是壞媽媽的「犧牲品」。因此，他們不只是看到兩個媽媽，也同時經驗兩個自己：一個「該得權利」的自己，和一個「被剝奪權利」的自己。你可能記得在年幼的孩子身上看到這一點，他們高興的時候，非常高興；生氣和難過的時候，就非常地生氣或難過。

然而，孩子在「需要得到滿足」以及「需要受到限制而有挫折感」這兩方面都經驗過之後，慢慢就會合併對自己和他人的兩種形象，逐漸了解如下一些極為重要的事情：

1.我的需要一直都獲得回應。

2.並非我所有的需要和願望都會得到滿足。

3.同一個人有時候給我想要的，有時候不給我想要的 —— 我
　所愛的人也是我所恨惡的人。

4.我有時候很幸運，有時候必須處理挫折感。

　　這種滿足和挫折的結合發生過無數次之後，孩子就會確
認「世界並非完美」，他知道這個世界不會每件事都滿足他，
但在他所需要的事物上已經是「夠好了」。他逐漸放棄要他人
「都作好人」來滿足他所有需求的願望；學習去愛那個同時愛
他又令他挫折的人；也認定了人都不完美，但都夠好這個事
實。孩子發現他們並非有權利得到任何想要的東西時，就會
忍受挫折，對其所擁有的東西心存感恩。

　　要完成這個課題，孩子需要從你得到兩件重要的東西：
滿足和挫折。從未得到滿足的孩子會持續處在一種需要的狀
態，他們從來不覺得感謝，因為他們真的沒有得到足夠的東
西。過分強調要剝奪孩子早年的需要，害怕孩子會控制這個
家庭，是為人父母很危險的心態。

　　孩子的需要必須得到滿足以便發展信任和感恩的態度。
就如聖經談到我們世人和天父的關係時所說的「我們愛，因
為上帝先愛我們」（約翰一書四19），作父母的需要先付出。

　　然而，從未受過挫折的孩子不會了解，他們不是宇宙的
中心，他們不能擁有任何想要的東西，別人並非只為他的需
要而存在。滿足和挫折之間的平衡，調和了「滿足需要」和
「受之無愧」兩種極端，就如早期著名的滾石合唱團（Rolling

Stones）在專輯裡有首〈讓它流血〉（Let It Bleed）的歌詞所說的：「你無法總是得到一切所想，但若去嘗試，就會發現，你可以得到一切所需。」

經驗過挫折的孩子會放棄「我有權得到一切想要的，別人該為我滿足所需」這樣的想法。此外，他被剝奪一些權利時，不會看自己是個受害人，也不會看那些不給他所想的人是壞人，他會培養出平衡地看待自己及他人的看法。

給予、限制和接納

要使孩子有一種平衡感去看待自己和他人，你必須同時滿足他某些要求，但在某些需求上又令他挫折。有三個必要技巧：給予、限制和接納。

給予

「給予」是滿足需要和願望。最重要的滿足是關愛、連結和照顧。這是嬰孩在飢餓和孤單時的呼求，他必須被人照顧、餵養和相連。當他吃飽了、得到關照、溫暖和安全感時，就會在心裡堆砌感恩的積木。許多成人的嫉妒感來自於他心靈深處極度地渴求需要能夠被滿足，能夠好好地被人關注所致。

孩子長大一點的時候，需要有人安慰；懼怕時需要有人安撫；感受需要有人了解；對下一個階段所要發生之事的焦慮，需要有人鼓勵。他們生活的空間愈來愈大時，需要知道自己不是獨自前行；因害怕而尖叫時需要有人以保證來幫助

他安心。

　　再大一點的孩子，你要滿足他們在自由、空間、控制權、選擇權等這些方面的需求，這是獨立自主的積木。他們想自己作選擇，大人應該給他一些；他們想要自己的空間，大人應該給他一些；他們想要控制權，大人也應該給他一些。學習知道自己想要什麼，以及要求他們所想要的，是生活中所必須有的重要技巧。他們必須在自由、空間、自主及選擇的需要上得到滿足，以便知道這些是好的、是管用的，外在的世界也會幫助他滿足這些需要。

　　然後，孩子會想要擁有一些東西、做一些活動、找一些資源，例如金錢和機會，來學習和表露他們的技巧和才能，他們需要在這些事上得到滿足。他們年紀更大的時候，當然需要在賺取和供應這些資源上貢獻自己的一份力量，但他們的技巧和才能不應當受到挫折。

　　孩子會再進一步爭取獨立和自由，也應當在這方面得到滿足。當他們經驗到負責任和作好的選擇時，需要知道這是有酬謝的，正如聖經的教導：「你在不多的事上有忠心，上帝要把許多事派你管理。」（參考馬太福音廿五21、23）

　　孩子需要在上述所有這些方面獲得滿足，這樣當他們年紀漸長，就會逐漸確實地負起責任，並使用這些金錢、機會和才幹的恩賜，他們也需要知道，這個世界是可以得到東西且實現才幹和夢想的地方。同時他們也在學習必須作個負責任和有智慧的人，正如所羅門王對年輕人所說的：「在幼年的日子，使你的心歡暢，行你心所願行的，看你眼所愛看

的，卻要知道，為這一切的事，上帝必審問你。」（傳道書十一9）希伯來文把「斷奶」字面的意思翻譯成「受到豐豐足足的對待」，孩子在為生活「斷奶」之前要先「豐豐足足」地領受。你要給他們，滿足他們愛和親密關係的需求，也要給他們機會成長，並且給他們所需要的裝備去承擔生活的責任。

限制

「限制」就是確定孩子沒有得到太多不必要或不合適他們的東西。正如我們前頭所說的，限制是要確定我們不去滿足他們「想要控制一切」的願望；此外，限制也是一種處罰，要讓他們懂得作選擇和面對所要承擔的後果。這與你在現實生活中執行你所說的「不可以」很有關係。

我們不必對嬰兒設太多的限制，因為他自己已經受到身體上的諸多限制。他們的需求很大，但因為不會講話就不能替自己求什麼；他們因為不會走路，就無法替自己去拿到什麼東西；因此，唯有當嬰孩所需要的一切都得到滿足，現在只是需要去睡覺，則「限制」在這種時候才派得上用場。

聰明的媽媽分辨得出胡鬧的哭和真正有需要的哭。嬰孩胡鬧哭一陣子之後就會忍不住睡著；如果是因為他的需要受到挫折，沒有得到滿足就哭著睡著了，問題就會產生——這也是為什麼我們總是建議，在嬰兒時期，不要在滿足他們的需要上失之過嚴。

在幼兒時期，「限制」就變成每天要執行的命令了。幼兒愈來愈活潑，他們想要更多的控制權，當「不可以」這個

字真的開始產生意義時，就是他第一次學習什麼叫作「限制」的時候。

他們發現自己並非有權利得到想要的一切，他們伸出手去碰不該碰的東西，第一次聽到「不可以」這個字時，就認知自己不是操縱者；他們要你和他在一起，但你晚上還是出去了，他們就在學習自己並非有權利得到心中所想望的一切，以致學到了「需要控制願望」的限制。

他們想要糖果，但不能得到它，有時候他們可以有正當的要求，卻不能只基於「想要」就可以得到，可能需要做些什麼來得到它，例如用嘴巴好好地講出他的需求，而不是用可憐的聲音或操縱的方法來要求。

在兒童時期，他們想要那些不可以要的玩具、想要最新式、最好的玩具，而事實上他所擁有的玩具已有那些功能（想想看以後他是怎麼用信用卡來花錢！）當他們聽你說「不可以」而且堅持立場時，就學會了這個世界是不可能他想要什麼就給什麼的。

有時候你要讓孩子知道，有「目標」和有「願望」並非不好，但你仍然不會他想要什麼就給什麼，有時候他們必須去「賺取」。如果作父母的只是給孩子任何他想要的東西，卻不教他如何努力來換取想要的東西，就是在增強他們「受之無愧」的心態。

此外，他的兄弟姐妹和朋友有某些東西，並不代表他也可以得到那些東西。往往孩子沒有得到別人所擁有的東西時，作父母的就會聽到「不公平！」的抗議，我們可以說：

「又怎麼樣呢？」現實的人生就是這樣，他最好現在就學會這一點。

在青少年時期限制會少一些，但還是一樣重要。青少年需要更多的自由和選擇權，以及給他們機會負起責任，但他們也需要服從那些清楚和強行要求的限制。孩子在青少年的歲月，是你最後的機會讓他看到他不是控制萬有的人。

如果他們不能從你學到這種觀念，就會從社會所制定的法律來學到這個功課，所以最好是從媽媽和爸爸學到這一點。規定他晚上幾點以前回家、有多少錢可用、順從作了選擇之後的界線等等，都是限制青少年想要控制一切、凌駕法律之上的機會。

在青少年的歲月裡，他們需要在態度上作許多調整，逐漸負起保護自己和管理自己的責任（參考第一章）。開始嘗試這種自由時，有時候並不是那麼令人愉快，他們可能態度很誇張，硬要人家領他的情，對人不懷好意。你要給他們適當的限制，只准許他用某些態度來對待你，這樣他就會知道他沒有權利愛怎麼對待人就怎麼對待人。

在孩子的整個發展過程中，給他設不同的限制，對他克服嫉妒和受之無愧的心態非常重要。你絕對不可以增強他們以為有權利要什麼就有什麼、愛做什麼就去做、愛怎麼對待人就怎麼對待人。

如果你在滿足他們和適當的限制之間作個平衡，他們就會發現自己並非擁有全世界。

以下是限制所扮演的角色：

- ♥ 嬰孩所有的要求得到滿足時，開始給他的限制就是，有時候他需要和大人分開一下
- ♥ 幼兒時期正式的限制始於他知道自己並非老闆，而且這種限制要持續到青少年時期。
- ♥ 限制可教導孩子，他們並非有權利想要什麼就有什麼，即使那些需要是好的。他們必須努力去得到想要的，光是「我要」是不夠的。
- ♥ 限制可教導孩子，如果他們把公平定義為平等的話，人生本來就不公平。他們絕不會擁有和每個人同樣的東西，有些人會得到多些，有些人會比他們所希望的得到的少。
- ♥ 限制幫助孩子學會他們的感覺並非絕對現實。
- ♥ 限制在帶出孩子的抗議時扮演重要的角色，因為它可以讓父母在堅持限制的同時，同情孩子，並接納他們的感受。
- ♥ 限制和處罰讓孩子看見自己的不良之處，使他們不會認為自己是這個世上無辜的受害人。
- ♥ 限制逐漸灌輸孩子自信心，因為他們發現自己可以在某些需要被剝奪時，仍能生存下去，並且學會去滿足自己的某些需要。
- ♥ 限制給他們如何對待他人的架構，經驗過以愛心來設限制的孩子，便能設定有愛心的限制。
- ♥ 限制幫助他們經驗到為無法控制的事傷心，使他們可以讓它過去，並解決這個問題。

　　不要奪取你孩子的限制，否則他們會一輩子背負著自認「我是上帝」的重擔，那是個保證會失敗的角色。

接納

「接納」幫助孩子經過受限制的感覺後，將那些限制內化為品格。人類的天性並不喜歡限制，正如聖經所說，當限制未伴隨恩慈出現時，就與人為敵（參以弗所書二14~15），限制似乎是惡劣、敵對、冷酷的，沒有愛的話就很難執行得很好。

因此，接納把愛、了解和結構，加進限制裡去，使孩子能夠內化它們。當孩子面對限制時，他會以憤怒來回應。人們首度面對「不可以」的時候，都會以反叛和憤怒來回應，因為我們把限制視為敵人，所以總是會以某種形式來反抗。

如果限制因為反抗而挪開，我們就會認為自己比限制還大，這樣的話不給限制還要好些，因為我們是在試驗自己當上帝的角色，而且還贏了。這會更增強自己可以控制一切的想法（一點都不給限制，比有限制卻不去執行還好些）。

如果限制持續下去，孩子就會被導向限制這邊，而這股持續的力量就會破除孩子的誇大心理──這個嚴重的傷口。你要幫助他把那樣的憤怒化為難過、傷心和決心，給予他安慰、關心、同情和連結。當你給予孩子同理心的時候，要堅持你的限制。你可以採用下面的說詞：

- ♥ 「我知道，寶貝，這真的很難。」
- ♥ 「我同意，這很不公平。」
- ♥ 「我沒有得到想要的東西時，也很不高興。」
- ♥ 「我了解。但是，不可以，你還是不能去！」
- ♥ 「人生就是這麼困難！嗯？」

這些同情的用詞讓孩子看到，雖然那些限制似乎在與他作對，但某個人還是站在他一邊。然後，經過這個過程，他就能夠用這個限制來學會他需要學習的任何事情，你的愛幫助他內化了這些限制。

許多父母很難在這種時候讓孩子覺得受傷生氣。使用「同理心」是他們唯一的法寶，你要避免用下面這些讓自己覺得好過一些的說詞：

◆ 「這傷害到我比傷害你還厲害。」（現在孩子不僅有個不讓他做某些事的父母，還有個不了解他的父母）

◆ 「我是因爲愛你才這樣做，以後你會感激我的。」（孩子只關心現在）

◆ 「還沒有那麼糟嘛！想想你最近得到的所有那些好東西。」

◆ 「過一下下就好了嘛！」

◆ 「不要再哭，要不然我就眞給你哭個夠！」

在這種時刻，孩子最需要的是同理心，以及對現實生活給他沉重打擊的理解；這種愛和限制的結合，會轉變成內在的限制和結構，打擊他的「受之無愧」感。請記得，孩子所損失的，超過他們所想的，他們失去了對整個生命的看法，他們需要學習自己不是控制一切的人。你要預期他們會有一陣子很恨惡這種狀況。

忍受被恨惡

無法忍受被孩子恨惡的父母，就無法提供孩子需要克服的「受之無愧」感這種現實。愛和給限制是爲人父母者最重

要的特質；能夠忍受被恨惡和被看作「壞的」父母，是作父母的第二個重要特質。

上帝這位至高的天父，是能夠做正確的事且堅持立場的那一位，不論任何人對祂有什麼樣的想法；祂愛世人，但祂有祂的標準且能夠堅持，即使我們不喜歡。如果祂不是這樣的話，宇宙就會發生問題了。

約伯記裡面最好的教訓就是，無論約伯對上帝有什麼想法，上帝並沒有反擊他或停止作上帝。作父母也是一樣，你需要能夠容忍孩子的反抗，保持和他的連結，不反擊回去，且繼續作他的父母。

孩子沒有表示謝意時

在孩子小的時候就要教他們說「謝謝」。當孩子得到一些東西的時候，父母一般總會問：「你該說什麼？」被愛和有受管教的孩子，通常會因為下列幾個因素，自然地發展出感謝的心態：

- ❤ 他們的受之無愧感在父母的管教中受到限制。
- ❤ 對他們叛逆和侵犯別人的管教，父母教導他們知道自己不是無辜的受害人。
- ❤ 他們必須說「對不起！」
- ❤ 他們謙卑下來。
- ❤ 父母以身作則對孩子和別人說「謝謝」。

懂得表達感謝是非常重要的發展層面。如果孩子沒有表現出來，就要提醒他。不會表示感謝的孩子，你需要指正他

並且給他限制，因爲他把別人給他東西視爲理所當然該得的，要讓他知道這樣對待別人並不恰當。你不需要強加罪疚感給他，但要以「分享感受」和「給予限制」這個同樣的模式來跟他說：

- 「你愈跟我要這要那，就愈得不到東西。」
- 「你說『謝謝』的時候，才會拿到更多。」
- 「我要能感受到你感謝我已經爲你做的事情之後，才會再爲你做其他的事。」
- 「我不爲那些不懂得感謝的人做事，如果我所做的對你不算什麼，我就會省下這個力氣。」
- 「你似乎認爲我們必須爲你做這些事，我們並不這麼想，如果你不認爲『表示感謝』有什麼重要，我們就不再爲你做事。」

你這樣做，是在表達你自己的限制，不讓自己把每件事都視爲理所當然。如果你眞的覺得自己像個犧牲品，或像個值得人同情、受了許多苦的人，就要確定你已經先處理了那種感覺，以免讓孩子帶著罪疚感來看待自己的行爲。

嫉妒和渴望之間的區別

作父母最美好的事情之一，就是幫助孩子達成他的願望。能夠幫助孩子達到目標或是獲得某些他想到的東西，是多麼奇妙的事！我有個朋友，他十九歲的兒子最近用他過去三年打工所存的錢買了一部車。這個兒子每個暑假都去打工，然後把錢存起來，他每天下課以後也去打工，然後把錢

存起來。長久以來，他和父母一起做計畫和禱告，最後他存了足夠錢的日子終於來到。

他所購買那部很實用的跑車，有著符合他所喜愛的一切性能，他有個「兒童海濱事工」，也很喜歡運動，這部車非常適合他「本人」。這也是他和父母親都這麼想要達成這個目標的部份原因，因此當他得到這部車子的那一天，真是個感恩和慶賀的光榮日子！

我認識另一個青年人，父母為了錯誤的理由，不要她付任何代價地就給了她一部車，那部車和他們女兒「本人」毫不相干。父母買那部車給她，是為了自己的面子，要讓女兒在學校顯得比其他孩子更優越。過了不久，那部車子在女孩的心目中就失去了價值，她還要另一部車。

一部車是出自本人內心深處的渴望而買，另一部車是基於嫉妒的心理而買，父母應該好好地判斷哪個願望是出自嫉妒，哪個願望是出自內心真正的渴望。你要削弱孩子出於嫉妒的那一個願望，幫助他得到那個出自內心的願望。

他的願望愈持久，他所得到的東西就會保留愈久。從嫉妒而來的願望本質上是貪婪比較的心理作祟，無法長期滿足孩子。「所慾的成就，心覺甘甜」（箴言十三19），貪婪則會繼續渴求更多。

那是你的院子

當孩子觀看他自己之外的世界，看到一些他想要的東西，可能是件好事。他的願望會驅使他去工作，「勞力人的

胃口使他勞力，因為他的口腹催逼他」（箴言十六26）。當孩子看到他的能力、他所擁有的東西，或是他的技能，而覺得對他所欠缺的東西感到難過時，也是件好事，他的缺乏會激發他去做以目標為本的活動，也因此學會了嫉妒和願望之間的區別。願望激發他去工作，嫉妒會燒掉他內心的動力。

如果你自己有好的限制和界線，你會同情孩子的渴望，幫助他做計畫去達成目標，並加以鼓勵。如果你對他的嫉妒心予以讓步，就是在教他生命中一個殘酷的功課：他的缺乏是個問題。孩子如果不喜歡自己的生活，就必須持續地向上帝禱告、竭盡所能地努力工作，來讓生活有所改善。他必須了解，如果他把才幹加以投資和使之成長，上帝會參與其中並給他更多（請參考馬太福音廿五14～30，才幹的比喻）。

在一個不受嫉妒所主導的人身上，他的思想過程是這樣的：「我在那裡看到一些想要的東西，我不喜歡現在的狀態，這是我的問題。我要怎麼從A到B？我最好禱告、聽上帝的話、評估一下有什麼事攔阻我達到那裡，然後找出需要做的事來達到那個目標。」

在孩子身上，關鍵的轉捩點發生在「這個想要和渴望是他的問題」。他可以求幫助、禱告、學習、工作，或做任何需要做的事，但他的缺乏和解決方法是他在上帝面前的問題，沒有人應該為他解決事情。如果這樣的事發生，你就是在培養一個能找出自己真正的需要、尋求上帝給他資源、能力和才幹，來達到目標的孩子，他會伸出觸角來向周遭的人學習，並求取人生道路上所需要的支援。

弔詭之處

　　嫉妒是人生命中極大的諷刺，善妒的人認為他們自己配得一切，結果卻一無所有；他們無法擁有、珍惜或感謝所得的一切，他們滿心都是所未擁有的東西。

　　嫉妒基本上是驕傲，認為你是上帝、宇宙全屬於你。但就如使徒雅各告訴我們的，驕傲終必失去一切，「上帝阻擋驕傲的人，賜恩給謙卑的人」（雅各書四6）。謙卑的人是那些不認為自己「受之無愧」的人，他們謙卑地接受並感謝所擁有的一切。於此心態下，上帝和別人都更有可能給他更多。弔詭的地方就在此：嫉妒的人要更多，卻得的少；感恩的人為已有的感謝，卻得的更多。

　　你要幫助孩子成為謙卑感恩的人，但要記得，驕傲的三明治一口吞不下，須服用大量的愛才能下嚥。此後，孩子就可以動手解決他的問題了。這也是下一章我們所要談的主題。

第十二章

立刻**啓動我的引擎**

主動律

在我（約翰‧湯森德博士）大學畢業以後，有兩年的時間在德州的兒童之家工作。每六到八個學齡兒童和舍監住在一間營舍，我們這些舍監通常會在每週極爲緊張的工作壓力下，互相代班，讓彼此有喘息的機會。也因爲我們住得很靠近，所以對每個人都瞭若指掌。

身爲新舍監的我，觀察到舍監之間的差別。基本上這些作舍監的，有兩種極端的類型，「好好朋友型」舍監，一心要孩子喜歡他，他會花很多時間和孩子談話，帶他們坐他的車去好玩的地方，他很難狠下小心來管孩子，因爲不想傷害他和孩子之間建立起來的關係。每到上級來檢視的時候，他們的營舍總是亂七八糟，舉凡洗碗、料理飯食、清理房子等類家事，都是他在做。孩子都很可愛友善，但也很懶，花很多時間坐在沙發上看電視。

至於「控制型」的舍監，則像軍隊裡的教官一樣，第一天就先下馬威，還沒有任何問題發生之前，就先告訴他們假如……會有什麼後果，而且一般都會跟在孩子身邊管東管

西。他的營舍總是井井有條、乾乾淨淨，孩子雖然會有一大堆抱怨，但是會替他做事。三不五時就會有青少年因為受不了而反叛出走，但其他的孩子倒是很主動，也很忙碌地做這做那。

最好的舍監是介於上述兩者之間，他們看重關係，但也有紀律。成功舍監的金科玉律是：先要求尊重再培養感情，就會有積極的結果；若培養感情先於要求尊重，只會產生負面的果效。對孩子好當然會讓他們覺得舒服，但也會讓他們怠惰，每次舍監要求這些孩子做事，他們就會怨恨他；而那些先要求尊重的舍監，就可以讓孩子願意做更多事，然後，只要他放鬆一點，和孩子玩在一起時，孩子就很崇敬他。

聖經也同樣教導有關我們的成長以及孩子成長的事情。首先，人們都是以自我為中心，不願意主動承擔責任，我們需要律法（限制和後果）來提醒我們留意，因為律法是為不法之人而設的（提摩太前書一9）。其次，當我們了解到自己不是上帝，而被動的態度會帶來痛苦時，就會趕快努力過日子，上帝也給我們恩典來幫助和支持我們。

「主動」的禮物

你能夠給孩子最好的禮物之一，就是幫助他建立積極主動的態度。而積極的意思，就是主動跨出第一步。孩子需要了解，他的問題要能夠得到解決、要求要能夠得到回應，都不是從別人開始，乃是從他自己先開始。

人生在世需要採取主動，才能夠生存和成功。孩子出世

以後的第一聲啼哭，是沒有別人能代替他做的，你先聽到這一聲啼哭之後，才能夠在這個過程中做你的那一份來回應他的需要。終其一生，他還是必須主動肩負起責任來解決困境，即使是在人生初期，他需要非常倚賴照顧他的人供應生活所需，也是如此。

請千萬不要將「依賴」和「被動」互相混淆。上帝所創造的人，一生中都需要主動依靠祂和其他的人；同樣的，也不要將「主動」和「自足」相混一談，主動的人並非企圖自己做每一件事，主動的意思是，凡是能做的就去做，然後積極尋找你所欠缺的，來幫助你完成自我。

在這一點上，聖經教導了我們人與上帝之間的合作關係。我們有自己的任務，上帝有祂的責任，「作成你們得救的工夫……因為你們立志行事，都是上帝在你們心裡運行」（腓立比書二12～13）。

孩子需要主動讓人知道他的需要、反抗惡事、保持與別人之間的友誼、做家事、做學校的功課，並且當他成熟的時候，能夠逐漸承擔自己生活中更多的擔子。

主動的孩子有理想的機會學習正確地回應界線，他們就像尚未被馴服的野馬，用意志力頑固地對抗你的限制和後果，直到學會注意現實與他們所想的不一樣為止。

他們在生活上幾次和現實交鋒之後，最後就會跪在上帝所給的現實面前，開始學習馴服自己的攻擊性，將它保持在可接受的範圍內，並且用在建設性的目標上。

上帝所給人「主動」的禮物，對孩子有許多益處，可幫

助他們：

♥ 從失敗和後果中學會何為適當的言行舉止。

♥ 體會到他的問題和需要必須自己去解決。

♥ 培養出自制和掌握自己生活的能力。

♥ 靠自己來照顧自己。

♥ 懂得避開危險的情況和不正常的關係。

♥ 朝向那些會得到安慰及協助的關係。

♥ 以具有意義和有果效的方式來架構他的愛和情感，使他保持與上帝及他人的聯繫。

聖經也一再肯定這個「主動的法則」，例如，我們要天天背起十字架（路加福音九23）；要作殷勤的人（箴言十二24）；要尋求祂的國和祂的義（馬太福音六33）；要像那個需要幫助的寡婦一樣，常常去敲上帝的門（路加福音十八1～5）；要去求我們所需的（雅各書四2）。由於上帝自己是積極、解決問題、採取主動的那一位，我們這些照祂形像所造的人也當如此。

有時候為人父母的很難了解，主動的孩子有什麼好處。通常我們在談到孩子和界線的題目時，作媽媽的就會問這個問題：「我為孩子設立了界線，但他一直橫加阻撓，我該怎麼辦？」

我們的回答是：「他本來就會有這樣的反應，你是父母，你的工作就是在愛裡面設定限制，並執行後果。他是孩子，他也有事得做，他的工作就是以他主動的攻擊，一再測試你給的限制，然後從中學到現實、關係和責任。這是神聖

而有次序的訓練系統。」

被動的問題

被動、不活潑或無反應，是積極、主動的反面。孩子的被動是培養界線的主要障礙，被動的孩子在生活中是處於停滯狀態，老在等著別人或等著某件事。孩子被動的時候，就不再學習作自己的管家，乃是學習讓別人來控制他、替他行事。

被動的孩子無法使用「從錯中學」這種能教導他界線的過程，他從未真正踏上疊板，從未失敗，也沒有成長。他們多半真的是很乖的孩子，但是你在他們身邊時，很難說得出他是什麼樣的孩子。他們通常很難交到朋友、找到興趣或熱愛什麼事物，很容易受侵略性較強的朋友影響或左右，他們跟著人家走，不會創造自己的人生。

我想到那些因為被動的態度而錯失生命中許多機會的孩子，心裡就很難過，他們長大、老了、死了，沒有真正的被人接觸過，也沒有深入地去接觸任何人。他們的被動把自己侷限在朦朧地帶，是多麼可悲地浪費人生啊！

採取被動的立場不是優點而是缺點。在缺乏主動的限制下，惡事就會增長。被動的人因為不加抗拒，而不知不覺成為與惡連結的人，撒但就是在等著被動的人，以被動來給牠留地步（以弗所書四27）。上帝不喜悅退後的人（希伯來書十38），在「按才幹的比喻」裡，主人對那個因為害怕而沒有去投資銀子的僕人生氣（馬太福音廿五24～28）。然而，請不要

把被動和忍耐混為一談，忍耐是積極的特性，它是要我們約束心裡不良的衝動，積極為主作工（雅各書五8）。

聖經有關主動和被動的信息，就像美國海軍陸戰隊的標語所說的：「壞的決定總比不決定好」，這就是為什麼在萬事皆平等之下，主動的孩子比被動的孩子學習和成熟得更快，它也意味著父母有更多的原料可以去加工。

你可以為被動的孩子做什麼

有被動孩子的父母會具有雙重問題，因為這些孩子同時也會有不負責任或拒絕為自己作主的界線問題，而且被動的孩子更難投入學習過程。下面是孩子表現被動的一些方式：

- 拖延。孩子在盡可能拖到底的最後一分鐘才回應你。他很晚才把學校的功課做完，讓你在車子裡等著他準備好去上學或去其它聚會。當你要求他把音響關小聲一點，或請他備餐時，原本精力充沛和動作迅速的孩子，就在這種時刻變得行動遲緩。他要花好多的時間去做他不想做的事，卻只要一下子就可以去做他想做的事。

- 忽視。孩子對你的指示充耳不聞，要不就假裝沒聽見，要不就是不予理睬，繼續玩他的玩具、看他的書，或做他的白日夢。

- 缺乏主動和冒險的心態。孩子逃避新的經驗，如結交新朋友、嘗試新運動、學些新的藝術表現技巧，喜歡保留在熟悉的活動和模式裡面。

- 活在幻想的世界裡。孩子有愈發內向的傾向，不去投入真

實世界。他沈浸在自我世界裡時，似乎更快樂、更活潑，只要一出現問題或令他不舒服的事情時，他就會退縮。

- 被動的反抗。孩子以面無表情和慍怒的神色看著你，來抗拒你的要求，然後什麼事都不做。他顯然對你的權威憤怒或輕蔑，但不用言語表現出來。

- 孤僻。孩子避免與他人接觸，寧願待在房間裡。他以離開你來反抗你提出來的某些問題，而不和你對質爭論，也不和你吵架。

　　被動的孩子並不是壞或是惡劣，他們只是用一種特定的方式來面對人生，以致無法獲得獨立、自制或自主的能力。被動的問題並非全然相似，在這方面掙扎的孩子有幾個原因，下面所列的是某些根源所在，我們也同時提出一些方法來幫助被動的孩子培養他們所需要的主動，得到他們自己的界線。

恐懼

　　孩子之所以沒有反應，可能是因為內心深處的恐懼和焦慮，使他無力去採取主動。極度的恐懼導致孩子對生活的挑戰採取防衛的態度。

- 親密。有些孩子很怕和人親近，也很容易受到他人的傷害。他們和別的孩子在一起的時候顯得害羞、保留和彆扭。他們逃避那些覺得會曝光的社交環境，不從這是一種「學習風格」或「個性型態」的角度來看事情。雖然有些孩子本性上就比其他孩子來得害羞，他們還是需要學習與他

人交往。你要把學校、教會、運動、藝術，和其他社交活動，變成家庭生活中正常的、期待的一部份。當孩子和他相識的朋友在一起的時候，你不要介入，但在之前和之後你人要在那裡，讓他可以和你談論他的感受。

- 衝突。有些孩子在每件事都很順當的時候，就會主動地參與，但只要有怒氣或衝突存在，就會害怕和退縮，他們可能是害怕某人的暴戾行爲，或害怕身體受到傷害。你不必跟他保證永遠不會感到痛苦，但是要讓他安心，讓他知道，只要幫得上忙，你一定不會讓他受到傷害。

你要將衝突和痛苦正常化。我有個朋友每個禮拜帶他女兒去學空手道，剛開始幾個禮拜他都覺得很不好意思，因爲女兒在起初的每堂課都抱著他的腿哭，但是他跟女兒說：「你必須上三個月，沒有選擇的餘地。我不管你哭不哭都會帶你來上課，三個月以後，你可以選擇要不要繼續來。」過了三個月，她得到進級的帶子，決定留下來。你要教導孩子，衝突是難免的，但是他可以生存下來。

- 失敗。今天有很多孩子受完美主義的矛盾所苦，他們爲了避免犯錯，就不採取主動，以減少失敗的機會，但他們同時也失去了從失敗中學習的機會。我們要再次強調，要將失敗正常化，讓孩子知道，他們不會冒著你不再關愛他的危險。你自己可以在他們面前示範你的失敗，以及你如何自我解嘲。

我有個親近的朋友，他的家是很好的「失敗」家庭。我們和他們吃飯的時候，聽不到每個家庭成員有所成就的誇大

故事,反倒是聽到他們在談論工作上冒險及失敗的時刻,或某些友誼關係上犯了什麼錯的事情,而孩子是那個場景中的一部份。失敗是他們的朋友。

無法架構目標

願望和目標幫助孩子克服惰性,「所願意的臨到,卻是生命樹」(箴言十三12)。孩子面對衝突時,通常會落入被動的光景當中,其實他們並不是在偷懶,只是想不出要採取什麼步驟以獲取想要的東西。他們對挫折感的忍受力通常很低,有可能第一次期中報告的讀書壓力太大就使他放棄了;也有可能因為和朋友起衝突而斷交,以致他寧可待在家裡。

你不要幫助孩子逃避問題,也不要把他從學習的架構中拯救出來,家裡不是孩子躲避生活的場所,乃是他學習技巧和學會做事的地方。告訴他你會幫助他,像煮飯、清理、買雜貨、整理庭院,甚至是修理家裡的東西等比較複雜的事務,你會幫助他培養自信來履行這些任務。然後他就可以開始朝向有興趣的目標去努力,你不需要讓他在清理爐台和構想科學計畫之間作選擇。

期待你未卜先知

孩子可能會認為不必跟你講他的需要,你就會在他要求前知道他要什麼。當你把問題問錯了、忘了某些他想要的東西,或不了解他為什麼不高興,他就很生氣。這種情況會發生在很難把自己和父母的感覺區分的幼童和年紀大一點的孩

子身上。嬰孩需要母親能預期他的需要，否則就有生存的危險，但孩子長大一些後，需要清楚地讓別人知道他的需要。

要讓孩子知道，你真的想幫助他滿足需要和解決問題，但要告訴他：「雖然我很愛你，但無法讀出你的心意，如果你不說出所要的是什麼，就沒辦法得到回應，那就很可惜了。但只要你努力表達，我就會幫助你！」

侵略性的衝突

有些孩子並非天生被動，他們在某些方面有侵略性，在某些方面卻不予反應。例如，有個男孩可能在擔負職責上很主動，他在學校的成績很好，在家裡也很負責任，但是在人際關係上卻很被動和孤僻。或是，有個學業成績全優的學生，在幫忙家務上卻不肯伸出半根指頭。

這些孩子擁有必要的主動果斷要素，卻很難在特定的場合發揮出來，他們需要你幫助他使用生命中主動的那一面來迎戰衝突。你不要理他「我就是這樣」的想法，所謂讓上帝的形像充分發揮出來，意思就是要在生命中所有重要的層面上努力成長，而不是只在有恩賜的地方努力。

在這裡的金科玉律是：除非你在有問題的地方真的盡心竭力，否則就得不到好東西。你要對孤僻的十歲男孩說，如果他要賺零用錢、要晚睡，或想看喜歡的電視節目，就必須每個禮拜邀請特定數目的孩子來家裡聚餐或一起去溜滑輪。人生的經驗告訴我們，在吃點心之前必須先學會吃青菜。

怠惰

有時孩子們被動是因為生活很懶散，他們可能是很會關心人又很善良的孩子，卻少有那種會促使他們去工作、去留心人際關係、去保養車子的「預期性焦慮感」。他們不怕將來會怎麼樣，因為知道總是有人會看管任何發生的問題，不需要害怕會產生什麼後果。

一般來說，孩子偷懶的最根本原因出自父母的無能，在某種程度上，父母要為孩子的偷懶付代價。有些父母可能沒有留意到這一點，他們對孩子的成熟度和自我的應變能力要求得太少。父母提供孩子舒適的生活，對他們預備面對真實的世界並沒有助益。舉例來說，你是讓全家人團結合作，或只是象徵性地讓孩子參與一小部份而已？你給他的零用錢與他在家裡或在學校的表現吻合嗎？你不要等孩子自願來做所有的事，而是要設定一個體制來執行後果。

我有個在富有家庭長大的朋友，她現在是三個孩子的媽媽。有一次她告訴我，要孩子保持家裡的整潔真是困難。她說：「我以前從來沒有想過這些事，我一向都是在房間裡脫了衣服就丟在地上，待我回房間的時候，傭人已經把衣服撿起來掛好了。但是現在我有了孩子，看到每個人的衣服都丟在地上時，真希望我不要到這麼晚了才來學這個人生的功課！」

懶惰的孩子很難同時是個優秀、主動、負責任的學生。我建議你和別的父母談一談，問問他們是不是覺得你做得太多，你的孩子做得太少？你會訝異別的孩子竟然能夠做那麼

多事情！

　　請記得，孩子會照你所訓練他們的一直被動下去。下面這句有關個人成長的俗話尤其適用於懶惰的孩子：「除非保持現狀的痛苦大過改變的痛苦，否則他什麼事都不必做！」或是，誠如聖經所說的「懶惰人的心願將他殺害，因爲他手不肯作工」（箴言廿一25）。你今天就應該爲懶惰的孩子設定界線，告訴他所要承擔的後果，救他脫離將來所要面對的那種不幸。

受之無愧感

　　被動的孩子主要的導因是他那種「受之無愧」、要求受特別待遇的心態，這樣的孩子認爲他的存在配得別人的服侍。他們等著別人來滿足需要和願望，很少對所得的一切心存感恩，因爲他心裡認爲那是本來就要給他的。

　　每個孩子都會有某種程度的受之無愧感（請參看第十一章對這一點深入的討論），自從人類始祖墮落以來，人一直反抗「我們不是上帝」的眞相，想盡辦法要改變這個事實。但當你在這一點上對孩子讓步時，就是在幫忙塑造一個無法面對眞實世界的孩子。他們要不就是變得十分幻滅，很難發揮正常功能，要不就是找個不會打擊他的自我、又會保護他免得面對現實的結婚對象。

　　辛西亞有個十六歲的兒子錫恩，母子兩人都是我的朋友，作母親的看到兒子出現被動的現象。錫恩是個帥哥，智商一百四十以上，有很多朋友，但他不僅高中因考試不及格

被退學，也因爲曠課太多和缺乏表現，連上職業學校也被退學。辛西亞認爲錫恩之所以被動，可能因爲學校對他的挑戰不夠，也可能因爲他偷懶。

但出乎意料，有一天錫恩突如其來地將他的受之無愧感全部表露出來。他趕不上公車，需要人家開車載他去新的學校，辛西亞必須從上班的地方請假出來載他。她在車上跟他說出對他習慣性被動態度的擔心，以及那樣的態度對他自己和對整個家庭造成什麼傷害；她也告訴他要載他去學校是多麼不方便的事。突然，錫恩轉過身來說：「喂！你一定得載我，因爲我是孩子，那是你的工作，你本來就就應該要載我！」

辛西亞停下車來，打開乘客那邊的車門說：「你是孩子沒錯，但那不代表你配得現在所得的，你回家以後我們再談！」錫恩嚇了一跳，跨出車門，自己走最後那一哩路到學校，他非常的生氣，但那個下午他回家的時候，已經預備好要和媽媽談話。雖然辛西亞很後悔自己一氣之下的衝動，但即使她的行動不恰當，卻的確幫助錫恩了解到，他不但把受之無愧的態度暴露出來，而且這種態度已經不大管用了——至少這是朝解決問題邁出第一小步。

上帝對受之無愧的解決方法就是要人謙卑下來，「存心謙卑，各人看別人比自己強」（腓立比書二3）。孩子需要知道，即使是正當的需要，也不是任何事情都受之無愧。其實，無論是誰最可悲的命運，就是得到我們真正該得的「滅亡」，因爲世人都犯了罪（羅馬書三23）。

你的孩子和所有的孩子一樣，都有所需要，但是他有責任爲自己準備這些東西，如果孩子的被動是因爲受之無愧感，你就需要在滿足他眞正需要的同時，挫折他誇大的感覺，以幫助他改進。

「特殊人物」並不受人喜愛，因爲眞正的「愛」要求我們的優點和缺點都被人知道。特殊人物只能在優點上被人欽佩稱讚，因此，我們要幫助孩子放棄他對獲得稱讚的要求，才能夠被人喜愛。

不要過分稱讚那些必要的行爲表現，「我們所作的本是應分作的」（路加福音十七10），但是當孩子承認眞相、誠心悔改、勇於冒險、坦誠愛人的時候，你可以多加以稱讚，因爲稱讚會培養孩子主動、樂意負責任的品格。

醫學上的議題

有時候孩提時代的被動行爲，可能是內在情緒失調的症狀。例如，某些憂鬱症可能導致孩子退縮被動，以便克服他內在的痛苦。吸毒和酗酒問題也可能是被動的導因，如果你懷疑孩子有這類問題，要去找對你的孩子年齡有經驗的治療師，向他諮詢醫學上的意見。

培養孩子主動的原則

不論孩子是否天生被動，你都需要幫助他作個懂得尋求和成長的人，因爲在執行「主動的法則」上，你是他主要的解答，他自己無法做到。即使他可能不感激你，但爲了他性

格的成長，仍然是值得的。下面這些事是你能做的事：

不單作父母，更要作主動的人

孩子需要以生活有界線的人做爲他內化的榜樣。以孩子爲生活中心的父母，會使孩子認爲人生要不就是「將來自己要作父母」，要不就是「永遠讓父母來爲他服務」。要讓孩子知道，你有一些興趣和人際關係並沒有包括他在內，去參加旅行而不要帶他去，讓他看到你負起主動的責任來滿足自己的需要，解決你自己的問題。

努力幫助孩子改進被動的態度

不要把愛孩子和救孩子混爲一談。問問自己，請教你信任的人，你是否充分擴展孩子的成長肌肉？你是否在有關孩子生活的學業、工作、社交、靈性、行爲……等事情上，逃避替他設定限制的責任？你因爲可能會導致衝突而不敢和他談這些問題嗎？你的家是逃避責任的場所，抑或是有行動和會成長的地方？

我有位四十歲的朋友，他是個專業人士。這位身爲丈夫和父親的人，一回家探望母親時，就變成被動的小孩。他坐在沙發上看電視，讓母親爲他倒茶水、拿點心給他吃，他太太看到他這個樣子，才了解爲什麼她在家裡很難叫得動他做事，因爲他的新媽媽──太太，當然比不上老媽那樣會伺候他。

請記得帖撒羅尼迦後書三章10節所說的：「若有人不肯

作工，就不可吃飯」，愛和恩典是白白給的，但其他大部份的事情卻必須付出才能有所得。

要求孩子採取主動和解決問題

　　孩子的傾向是要讓你做所有的事情，如果你真的這樣做，就是你的錯。你要開始這樣說：「很抱歉，但那是你的責任，我希望你自己解決問題」；「這聽起來好像很困難，但我會幫你的」。四歲到十八歲的孩子都很會用如下方式，提出許許多多的問題：

◆ 「媽，你看到我的鞋子嗎？」

◆ 「哦，糟糕，我趕不上校車了！」

◆ 「我的零用錢花光了，我可以預支些錢去看電影嗎？」

◆ 「我很氣你這樣訓練我！」

◆ 「抱歉，我回來晚了，晚餐吃什麼？」

◆ 「我的報告明天就要交了，可是我不會打字！」

　　你可以看到，用「那是你的責任」來回應，可以讓你收回許多時間和許多精力。你的過份主動會嚴重增加孩子的過份被動。當你幫助他採取主動來擔當自己的擔子，就會增強他的性格，不但讓他更加成熟，也會幫助你不去擔負超過上帝原本託付你的責任。

教導孩子朝人際關係的方向努力

　　被動的結果之一就是，它不僅阻止孩子解決問題，也妨礙他領受上帝原本計畫賜下要來幫助他過生活的美好資源。

被動的孩子一般通常會逃避人際關係,他們不是等著別人做事,就是不去求幫助。

你要幫助孩子看到,「關係」是許多事情的來源:

- 是感情痛苦時的安慰。
- 使內心覺得被愛,而不是覺得孤單或很糟糕。
- 是使人能夠一生肯定堅持下去的燃料。
- 給人知識以解決問題。
- 是人成長的架構。

你要教導孩子,只有主動要求的人才可能得到「關係」,不要和他玩「有什麼事不對勁?」「沒事!」這種遊戲。要說:「聽起來你是遇到麻煩了,但是我會等你來請我幫忙,我才會幫你。」我認識有位父親,他了解到和十歲的女兒玩這種遊戲無濟於事,於是在下次女兒又不高興時,他就跟她說了上述的話。

當他坐在那裡看報紙的時候,他女兒走過他身邊輕輕啜泣起來,但已足以讓他聽見,他繼續看報紙,女兒繞著椅子走了十二圈!最後她了解到,除非她再進一步,否則她與父親之間的關係不會有所突破,所以她說:「爸,我對學校發生的事很難過。」那時候她爸爸才很慈祥地幫助她。

讓被動比主動更痛苦

父母通常會增強孩子的被動態度,因為被動的孩子似乎比主動的孩子少些麻煩,也給父母多一點時間來處理另一個吵鬧的孩子。但是不要讓孩子在那樣的角色裡面覺得舒服,

因爲你這樣做是讓他落入支吾推託的危險。

要讓他知道，你寧可他主動而犯錯，也不要他被動。告訴他：「你如果去嘗試而搞得一團糟，我會盡力幫助你；你如果不去嚐試，我還是愛你，但你要自求多福。」在孩子試著備餐卻打翻每樣東西的時候，要讚美、鼓勵他，但當他逃避做事，那個晚上就不要給他點心吃。

給他時間培養主動的態度

被動的孩子需要你在他邁向主動時，給予更多的耐心。他的生命中曾經耗費了很多時間在害怕、逃避冒險、躲避失敗，及承受痛苦上面。他們懷疑自己堅定的那一面，不認爲這會幫助他的生活。

不要期望孩子一夜之間，就變成能夠解決問題的發電機。只要他有一點點進展，就給他獎勵，即使他後來又退縮。一般而言，如果過程做得對，孩子堅定的那一面會整合得更好，就像一部引擎繼續轉動，活動力就會增加。但他的第一步可能會躊躇不前，請記得上帝是如何有耐心、有恩慈地等我們跨出所有的步伐。聖經說，「要勉勵灰心的人，扶助軟弱的人，也要向眾人忍耐」（帖撒羅尼迦前書五14）。

結語

孩子需要你作個有愛心、有界限、能激發挑動他主動面的那個人。他會反抗你、生你的氣，但就像母鳥知道何時該把雛鳥推出窩巢一樣，你要用經驗、判斷，並請求上帝和他

人，來幫助孩子爲自己的生活採取主動。

　　下一章我們要討論顯露律。你會學到如何幫助孩子直接並且清楚地面對界線，而不是讓他們玩弄父母於股掌之間。

第十三章

誠實乃爲上策

坦誠律

還記得我（克勞德博士）八歲那年，有一天發生的事。我犯了一個大錯，但當時並不知道。我想我那時候是想要報復十六歲的姊姊，因爲我可以報復她的機會很少，而且隔很久才那麼一次，因此，我想好好把握。

姊姊雪倫和朋友在房間裡胡鬧，有一個人亂丟枕頭，把吊在天花板上的燈打破了，但她們很快就想出辦法來處理那盞燈，讓人看不出來燈破掉。我姊姊以爲神不知鬼不覺，卻不曉得她有個鬼靈精的小弟正暗自盤算著。

爸爸一到家，我就迫不及待地告訴他姊姊她們所做的事，我跟他說她們打破了燈，他要我帶他去看。我帶他去的時候，不知道雪倫和她的朋友還在那裡。我當場被逮，爸爸在房裡問我破燈的事，姊姊她們則看著我這個告密者站在那裡決定自己將來的命運。我不記得父親怎麼對待她們，卻還記得她們怎麼對待我，那是一件很不愉快的事。

等到我了解這個事件所牽涉到的法則時，已經過了好幾年。但那天我了解到一個現實：當你在別人背後打小報告

227

時，就要預期在人際關係上惹來麻煩。

在人際關係裡面，最重要的原則之一就是：直截了當地溝通，以及把關係裡面發生的任何事，完全開誠佈公。我沒有先和姊姊說我對她所做的事有什麼想法，給她機會去自首；也不夠關心想了解她是否計畫自己找時間告訴父親。我的行爲有兩個主要的動機：我要姊姊受處罰，還有我怕直接和她溝通。我有夠愚蠢地認爲，我不需要藉她之力就可以把事情做成，也不必去處理她的怒氣。

自從我成爲心理學家以後，才學到許多不直接溝通所帶來的破壞性。事情是這樣開始的：我和甲君之間有問題，卻告訴了乙君，結果就製造了三個問題。第一個問題是，我告訴了乙君；第二個問題是，乙君對甲君有了甲君所不知道的感覺；第三個問題是，甲君發現我告訴了乙君，覺得被我出賣。

另一種相關的問題是這樣發生的：甲君告訴我有關乙君的一些事，然後我去告訴乙君，乙君就生甲君的氣，而甲君並不知道乙君生氣的原因。之後，甲君就生我的氣，因爲我去告訴乙君他所講的事，或是，甲君否認說他根本沒有跟我講什麼。

聖經說到許多這種不直接溝通眞相的事情，也說到直接溝通在修補關係上的價值。下列經文指出上帝對人不坦誠溝通的看法：

「隱藏怨恨的，有說謊的嘴，口出讒謗的，是愚妄人」（箴言十18）。

「總要指摘你的鄰舍，免得因他擔罪」（利未記十九17）。

「我何時指著惡人說，『他必要死』，你若不警戒他，也不勸戒他，使他離開惡行，拯救他的性命，這惡人必死在罪孽之中，我卻要向你討他喪命的罪」（以西結書三18）。

「所以你們要棄絕謊言，各人與鄰舍說實話，因為我們是互為肢體……不可給魔鬼留地步」（以弗所書四25、27）。

不直接溝通會使我們成為愚妄人、製造問題，並使我們要為問題的存在而擔罪，也使我們在埋藏怒氣和爭吵時，落入魔鬼的網羅。

上帝不但反對人不直接溝通，在人際關係和與他人解決問題的事上，也多論及直接溝通的重要性。

「倘若你的弟兄得罪你，你就去趁著只有他和你在一處的時候，指出他的錯來，他若聽你，你便得了你的弟兄」（馬太福音十八15）。

「所以你在祭壇上獻禮物的時候，若想起弟兄向你懷怨，就把禮物留在壇前，先去同弟兄和好，然後來獻禮物」（馬太福音五23～24）。

「當面的責備強如背地的愛情」（箴言廿七5）。

直接溝通是應對人生最好的方法，但許多人不用那樣的方式來處理與別人之間的關係，反倒用逃避（忽視那個人或那個問題）、三角關係（把第三者拉進來）、或是忽略的方式來處理。

「坦誠律」說出，人生最好是活在光明當中——亦即事情最好公開，即使是負面的事；不論消息是好是壞，我們都需

要知道。衝突或懷恨都會破壞兩個人之間的聯繫，唯有透過坦誠溝通，才能夠恢復人與人之間的關係。

然而，這並不是說，需要把那些煩擾我們的大小事情都提出來討論，因爲有一大半的時間，我們覺得受到激怒，可能問題是出在自己。最煩人的莫過於老是聽到某人說：「我們需要談一談」。正如箴言所說的：「人有見識就不輕易發怒，寬恕人的過失，便是自己的榮耀」（箴言十九11）。

但是，當有價值的事物受到破壞、某個人受到傷害，或某人的行爲不被接受時，則輕忽、逃避，或把第三者拉進來，都會導致關係上更多的問題。

此外，人都需要主動傳達他們的需要、期望、意願和感覺。你必須幫助在「要求所需」的事上既害羞又被動的孩子，學習主動去要求想要的東西（參考第十二章），那些想要人家注意或安慰，卻畏縮不前的孩子，需要學習如何主動把這些感覺帶進人際關係裡面。

讓我們來看一些可以幫助孩子在人際關係中開放和坦誠的原則。

原則一：你自己先活出坦誠的法則

我最近去拜訪一位同事，他那十二歲兒子看來非常忙碌地在吸塵、收拾他在家裡到處亂丟的東西、把衣服拿去洗衣房。我以前從來沒有看過他這麼勤勞，所以問他到底是怎麼回事。

「我想我大概是惹了麻煩，」他說：「所以我在清理家

裡，因為有可能跟這件事有關。」

「你說『有可能跟這件事有關』是什麼意思？」

「唉，只要我媽跟人打電話，我就可以肯定她在不高興，所以我最好小心一點。」

「你到底做了什麼？」

「我不知道，但是我知道一定有什麼事惹她不高興。」

「你怎麼知道？」

「你看得出來的，她就是和平常不一樣。」

後來的結果是：他媽媽是在生氣沒錯，但不是對他，是對丈夫生氣。然而，讓人難過的是，這個十二歲的孩子竟然生活在不小的焦慮當中，認為是他做了什麼事才惹母親生氣，而他並不知道到底是為了哪椿。我覺得這很悲哀，於是便去問他父親怎麼會這樣。

我聽到的真相是這樣：他的妻子從來不直接告訴人家她想要什麼，也不跟人家說他們做錯了什麼，結果呢？她可以改變整個家裡的氣氛，他們所知道的就是「她在不高興」，然後家裡的人要去找出誰做了什麼事惹她不高興。

這種行為教給她的兒子非常不好的榜樣。

第一，讓他對自己的行為沒有信心，他不知道自己什麼時候是做對、還是做錯。

第二，他不能夠自由地去愛母親，因為他要忙著掛慮母親的感覺，又要顧到她的情緒和那種間接的溝通方式。

第三，他一直在觀看和仿效這種至終會破壞他與人建立良好關係的溝通模式。

父母彼此之間跟子女之間的溝通方式，是「坦誠律」的出發點。你必須活出要孩子學習的榜樣，在你生氣或跟他們起衝突時，要用愛心、坦誠、直接的方式，對他們說出來。

原則二：讓界線清楚易懂

孩子在一個沒有清楚定下規矩和期望的家庭裡面，很難培養出有條有理的個性。當你對孩子有要求和規定時，要確定他們知道那是什麼，你才有機會訓練他們。

「訓練時刻」通常發生在父母和孩子分頭「作工」的時候。父母所作的工就是「定界線」，孩子所作的工就是「破壞規定」；然後作父母的糾正孩子的行為並給予管教後，孩子若再度破壞規定，父母就要執行後果，並給予同理心；之後，這個規定就成為孩子必須面對的現實，並將之內化到生活裡面。

如果規定不清楚，就沒有辦法做這樣的訓練，整個過程會受到破壞。要確定孩子知道他做錯了什麼，以致你可以教導他們如何做對的事。就如聖經所說的，律法是我們訓蒙的師傅，使我們知道自己是犯了法的人（參考加拉太書三24），這個道理對孩子亦然。

原則三：消除懼怕，使他們放心溝通

不肯直接溝通的基本原因在於「懼怕」，一般而言，兩種懼怕使人不敢坦誠：「怕失去愛」，以及「怕人報復」。我們怕如果向人坦白表露怒氣或受傷害的感覺，那個人就不再理

我們或是生氣。此外，孩子會誤以為他們的怒氣極具威力，足以毀掉你。因此，你要讓他們知道，你比他們的感覺更大，讓他們藉此也可以了解，自己比他們的感覺更大。

這兩種懼怕是普世性的，但對那些家裡真的很讓人害怕的人而言，這種懼怕更加屬害。我輔導過許多成年人，在他們想要向人坦露所感受到的事情時，就會在恐慌和懼怕中退縮下來。事實上，這種恐懼力量就是許多成人沮喪和焦慮的根源。

對於這種普遍的弊病，身為父母的你可以或是消除之，或是增強其嚴重性。請參考第234頁圖表所舉的例子，看看你如何增強懼怕感或消除它。

這個法則的關鍵原則在於：

- 所有的感覺都是可以接受的，懂得表達感覺是件好事。
- 然而，表達感覺有某種限度，例如：「我很生氣！」「我討厭你！」這類說詞可以接受，但是說：「你是大笨蛋！」就不可以了。打人和亂丟東西也不可以。
- 你要先給予同理心使你們有所連結，先包容、接納、關心孩子的感覺，然後再尋求了解。
- 「自制」是最重要的要素，孩子在這種時刻會失去控制，他們需要你的制約。
- 小心不要把「愛」和「限制」分開，你要有恩慈、有愛心，但是要保持足夠的堅定，讓他們知道，他的怒氣不會毀了你，也不會驅使你離開他。
- 你要把自己的驕傲、自我，和自我崇拜放在一邊，因為從

事件	如何增強懼怕	如何消除懼怕
孩子對你定的限制生氣	◆ 生氣回去。 ◆ 攻擊他生氣的表現。 ◆ 讓他對自己的生氣感到愧疚。 ◆ 對他保持沉默、不跟他說話。 ◆ 以行動來諷刺他的感覺。 ◆ 拿他和好孩子作比較。	♥ 對他的生氣給予同理心。 ♥ 同情他因為限制和失去願望而有的挫折感。 ♥ 幫助他把生氣講出來。 ♥ 保持對他的溫柔和關愛，但態度堅定。 ♥ 持守所定的限制。 ♥ 生氣的感覺過去後，限制他用攻擊或不恰當的方式來表達。
孩子對你錯怪他的事生氣	◆ 在他的控訴中顯出受傷害的樣子。 ◆ 給他一些諸如「你竟然膽敢質詢我？」之類的話。 ◆ 責備回去。 ◆ 撤回你對他的愛。 ◆ 發怒凌駕他之上。	♥ 同情他所感受到的痛苦。 ♥ 以開放的心胸留心傾聽他對你行為的反應。 ♥ 幫助他把對你所做的事不喜歡的感覺講出來。 ♥ 你如果真錯怪他，要承認並向他道歉。 ♥ 你如果下次又那樣做，請他讓你知道。（這會讓他知道你很認真看待他的抱怨） ♥ 你若沒有做錯，告訴他你了解，但你真的沒看到做錯了什麼，謝謝他告訴你。
孩子生命中受到傷害	◆ 告訴他停止哭哭啼啼，叫他愛哭鬼。 ◆ 告訴他不准再哭，不然你可是要讓他哭個痛快。 ◆ 取笑他。 ◆ 拿他和兄弟姊妹或朋友作比較。 ◆ 說他娘娘腔。	♥ 同情他的感覺。 ♥ 給予他理解和安慰。 ♥ 幫助他把受傷的感覺和所發生的事講出來。 ♥ 不要太快糾正他或分析現實給他聽，等他情緒平復後再說。 ♥ 要他想辦法和朋友解決問題，不要成為他和外在世界的緩衝劑。給他安慰，教他如何避免和別人起衝突。 ♥ 寄予同情和理解，他會拿受傷害當作逃避人生的藉口，不要讓他如願以償，也不要滿足他的要求。告訴他，表達情緒是好的，但從現實生活中退縮是不可以的。

你內在這些部份所帶出的負面反應，會增強孩子最原始的懼怕。

- 彼此有摩擦之後，要有一點向孩子保證愛意的時間，即使只是摟摟他，也會讓他知道，雖然是在衝突之中，也不必擔心你和他之間的連結。

- 鼓勵孩子把感覺用話語表達出來，因為他們需要對自己的感覺負責任。你幫助他把感覺講出來，會增強他的內在力量，讓他看到自己的感覺比至終的現實情況小得多。如果能夠講得出來並且說明自己的感覺，這些感覺就只會是感覺而已，它們就不再是像地球那麼巨大的實體。要讓孩子知道「覺得難過」和「覺得像世界末日來臨」並不一樣。

- 你知道孩子已經處理了他的情緒之後，再來告訴他要學的功課，不要在與他短兵相接的同時就教訓他，他聽不進去的。

- 主要指導原則如下：你要告訴孩子，我們之間的關係大過這些衝突、感覺或經驗，這些衝突過去以後，我們仍然保持連結和感情。

原則四：不要增強孩子「沉默的表達」

蘇西的父母很擔心四歲的女兒逐漸退縮到幻想的世界，來找我替她治療。蘇西有幼兒憂鬱症和精神創傷，有時候我在和她玩遊戲的時候，說了一些話讓她覺得受傷害，或是她感受到一些事情，但是不願意表達出來的時候，就會離開我，自個兒去玩玩具。但在這同時，我知道她在看我會做什

麼，我也感覺到一股拉力讓她落入情緒裡面。

這種現象在家裡發生的時候，她的母親通常會問她怎麼回事，蘇西什麼話都不說，而她的母親就會作個假設，認為有什麼事不對勁，就給她一些東西，例如：「你看起來很難過，我們一起去拿塊餅乾吧！」

有一天，我決定要直接處理蘇西的感覺，沒想到碰到極大的反彈。

「蘇西，你看起來很安靜，怎麼回事？」我問她。

「沒事！」她說。

「嗯，我不信你沒事。」

她肩頭一聳。

「我想我要坐在這裡等著你告訴我！」我說。

「隨你，我可以走了嗎？」

「不可以！」

接下來是一股又一股的緊張交迭，我不讓她走，她愈來愈生氣，然後她發現自己在洩漏感覺，便想要再度壓抑下來。但是，我不放過她，打算守住界限，直到兩個人其中一個筋疲力竭為止。

「我要一直坐在這裡等你告訴我，」我跟她說，然後盯著她看。

最後，她開始掉眼淚，但是沒有真的哭出來。

「你看起來很難過，」我說。

她開始哭得更厲害，她哭的時候，我安慰她。然後，她開始把話說出來，告訴我在她身上發生過的那些壞事情。

那一天，有道橋樑在我和她封閉的內心世界築了起來，然而，更重要的，她經驗到被人要求坦白、直接地說出所經歷的事情，而不是被動地表現，希望別人來救她。很快地，她的父母學會如何要求她直接和坦白的表達，她的行為模式就改變了。

一般而言，退縮型和對抗型的孩子，都是懷抱著恐懼感，你要保持溫柔和關愛，但同時不要對他的「沉默表現」讓步，就會讓他知道你是站在他的懼怕和痛苦那邊，但不站在他處理這些感覺的方法這邊。有些父母發現，要求那些不予表示的幼童「把話講出來」，是很有助益的用詞。孩子的行為不會一夜之間改變，但要記得兩個要素：表達你的關愛，並要求他溝通。

在我的例子裡，我等著蘇西講出來，加上不許她離開的限制，終於打破了緘默。然而，有時候你必須更主動地去探索孩子的感覺，對他的沈默給予解釋或問一些問題，

例如：「你現在看起來好像很生氣」、「你現在看起來好像很難過」、「我想你可能在生我的氣」，或是繼續請他讓你知道什麼事情在困擾他，要求他表達感覺，都很有幫助。

另有一些孩子用行動來表達情緒，例如，發脾氣、大叫、講粗話或是跑開。

祕訣在於不許他用這種方式表達，並鼓勵他口頭上的溝通，告訴他：「我想知道你的感受，但是我要聽你說出來，不要用行動表現出來。」

原則五：不要介入其中

正如我們前面所說的，三角關係是要某個人作中間人，而不直接去和有關的人處理問題。千萬不要讓孩子把你當作中間人，在他們兄弟姊妹之間互相搬弄是非時，這就是教導這項原則的最佳時機。此外，孩子和父親或母親之間有磨擦的時候，常常不直接告訴當事人，卻去跟另一個人講；有時候孩子跟父親或母親要東西，這個人不答應，就跑去找另一個人要，這些都是教導孩子這個原則的好機會。

一般而言，除非有什麼不安全的狀況發生，否則你都要讓孩子自己解決彼此之間的衝突和問題。你可以這樣說：「我不知道你為什麼告訴我這些，你需要去和你的兄弟解決問題，他是讓你生氣的人。」

或是說：「先去和你的姊妹解決這個問題，如果妳們兩人真的不能把這件事擺平，我才來告訴你們該怎麼做。」盡可能讓衝突保留在孩子之間，使他們可以學到解決衝突的必要技巧。

同樣的原則應用在孩子和父親或母親之間的衝突上，只要是安全的，就要讓孩子自己去和父親或母親解決問題；若是和朋友起衝突，要讓他自己去處理。這是他們往後人生必須要做的事，你可以建議他們如何解決衝突，但要讓他們自己去做，這點非常重要。

同樣的原則也應用在他與學校以及與其他有關當局之間的問題上，當然學校有家長會和一些會議，讓你有機會談論這些問題，但要讓孩子採取步驟，一步步解決與學校或機構

之間的問題。如果作母親或作父親的總是在那裡干涉，幫孩子去「修理」，則孩子在第一次碰到雇主對他的表現不滿意時，就要茫然不知所措了。

原則六：教導孩子講出自己的界線

我們剛開始和別人起衝突時，很難知道該講什麼話，幾次以後，就學會該說什麼。但是你可以先教導孩子，在他和別人起衝突的時候要怎麼說，或甚至用角色扮演的方式來教導他，讓他知道必要的時候該如何講出自己的界線。

因為他們會遇到許多同儕壓力、傷人的孩子，以及在遊樂場上個性強硬的人，如果他們先做好準備，就會好過一些。下面有些範例可以用來裝備他們：

「不要！」教他們用什麼語氣和態度來說這兩個字。

「不要，我覺得不舒服！」

「不要，我不想要！」

「不要，我不要做這種事！」

「不要，我的父母不准我這麼做！」

「不要，上帝不要我做這種事！」

「不要，我知道別人的私處是不該碰的！」

「不要，我不喜歡吸毒，毒品會害死人！」

這些話聽起來很簡單，也有點老套，但有些孩子需要事先知道這些說詞，也需要一些練習來知道如何說出來。你可以和他們作角色扮演，或為他們找一些會強調這類界線的環境或團體，讓他們有機會練習。

帶到關係裡面

　　最終極的界線是「愛」。我們與他人以及與上帝之間的連結，就是把生命結合在一起的材料，而我們賴以維生的真理和溝通，就架構了這種連結和愛。

　　每件事到最後都會和「關係」有關。誠如耶穌所說，世界上所有的「界線」，都可以總結在兩條誡命上：「愛上帝」以及「愛人如己」。為了這個緣故，孩子必須學習將感覺、害怕、思想、意願，和所有其他的經驗帶進關係裡面。

　　如果這些方面的衝突和某個特定的人有關，他們就必須在任何可能的時刻，和那個人解決衝突。

　　關係會治療、撫慰，和架構我們的經驗。我們必須知道，人所需要的愛比我們自己所認為的還要多得多，找出這個真相的唯一方法，就是把我們所感覺的帶進關係裡面。

　　你自己要作個讓孩子可以對你這樣做的人，要求他們和別人相處時也要如此，這麼一來，他們對所要經驗的事，以及對「愛」的本身，就比較不會害怕了。

第三篇

與孩子
立界線的實踐

第十四章

捲起你的袖子
跟孩子實行界線的
六個步驟

無論你是孩子的父母、親戚、老師，或是朋友，我們希望你已經了解到，幫助孩子培養自己的界線，以及尊重別人界線的重要性。然而，對這方面的關心和見解雖然是必須，但還是不夠。你如果把這本書擱在茶几上，或是放在孩子的枕頭底下，不會對他有太多幫助。現在是你付諸實行的時刻。

你會在本章學到跟孩子實行界線的六個步驟。但是，你需要從前後關係來了解這一點，如果你不先為自己設立界線，這一章對你就沒有什麼大用。正如我們從許多角度所談的，孩子需要的不是光會「談論」界線的父母，而是「本身」就是界線的父母。

他們需要一位不僅「坐而言」，且能「起而行」的父母。這意謂著不論什麼情況發生，你都會以同理心、堅定、自主，以及面對後果的態度來回應孩子，這也是上帝對待祂兒

女的方式，祂是我們的榜樣。

親職有很多部分牽涉到回應孩子的需求或問題，例如：

- 對他們要求不該要的東西說「不可以！」。
- 應對他們從學校帶回來的問題。
- 處理他們與你或與手足之間的權力鬥爭。
- 解決他們拖延和雜亂的問題。
- 幫助他們面對與同儕之間的問題。
- 和他們討論喝酒、吸毒、性關係，或幫派等嚴肅的議題。

然而，若你在心裡預先有個架構，再主動跟孩子談論界線的問題，通常會更有幫助。採取下列步驟，會幫助你節省時間精力，使你不至於想要走下一步時，還在原地打轉。

請記得，你不是在和一個同伴建立合夥關係，乃是準備和某個沒有半點興趣和你合作的人爭戰，但是，可沒有人說過作父母是獲得超人氣的途徑！

因此，一方面你開始這個過程時，不必取得孩子的許可或確定他贊同這個計畫；另一方面，不要以反制和權威的態度來開始。有些父母從前在缺乏架構之下，被孩子牽著鼻子走，現在發現自己可以當家作主了，就有點發狂地想要彌補以前所有的損失。他們要求孩子坐下來聽他頒佈嚴厲的命令，做出致命的宣告說：「從現在起，你要怎樣怎樣……不准做什麼什麼……」

與孩子立界線，不是要「叫」孩子去做什麼事情，因為被迫去做某些事的人，不會自由地作成熟或合乎道德的選擇。「界線」是為了架構孩子的生活，使他經驗到行為的後

果，讓他更負責任、更留心他的行爲。

第一步：看到三件事實

你必須先面對三件事實：第一，你的孩子並不完美，他眞的有問題。這個事實可能表現在小事上，包括某些行爲或態度需要調整；也可能表現在牽涉到違法的一些大事上。但是，無論事大事小，我們都要認清，所有的孩子都是不成熟的小罪人，這是我們人類的光景。

有些父母在這一步上就很難過得去，他們否認孩子的惡行，把眞正的問題用自圓其說的方法掩蓋過去。例如，把孩子的狡猾當作可愛的幽默感；把他的偷懶解釋成他太累；把他的侵略性說成他精力充沛。如果某個人給了你這本書，而你不懂爲什麼人家要你看這本書的話，去問五個肯對你說實話的朋友，看看你會得到什麼答案。俗話說得好：「如果有個人說你是馬，你會說他是個瘋子，如果五個人都說你是馬，那就最好替自己買馬鞍！」

父母會替孩子自圓其說，有許多原因：有些人這樣做是爲了逃避自己的罪疚感；有些人不想讓自己的完美主義遭人非難；有些人覺得自己的孩子是受害者；另有些人不想讓自己尷尬下不了台；還有些人不想付出管教的力氣。

父母需要看到，這樣做，可能是在犧牲孩子的利益，只爲保護自己的舒適感和益處。上帝從未否認我們的狂妄，但祂像父母一樣，經歷了極大的痛苦，來解決我們的問題。

承認問題之後，第二個要掌握的事實就是：問題的表象

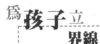

並不是真正的問題。孩子那些會讓你抓狂的行為和態度，不是真正的問題所在，那是另一個問題的症狀，而在許多的情況下，都是界線的問題。

孩子的行為表現可能受性格裡面某些破口或未發展完全的部份所驅使，這些症狀警告你注意孩子內在的問題，不要單單針對症狀去反應，否則保證後頭會有更多的問題接踵而來。父母通常在危急的時候，會作出反射作用的回應，然後危機一解除，就抽身走了。沒有界線的孩子會有許多的症狀，除非他培養出界線。

下面是一些「不是真正問題」的問題實例：

外顯的問題	界線的問題
成績很差	不在乎後果
控制其他的孩子	不尊重他人的規範
不聽指示	不怕後果
挑釁、無禮貌的態度	自以為「受之無愧」

你需要面對的第三個事實是：時間不是萬靈丹。有許多父母不想談論界線問題，是因為有人告訴他們：「等孩子長大就會沒事了！」他們是會長大沒錯，但是你一定認識不少四十歲的成人，雖然生理長大了，心理還是沒有界線？時間只是給人醫治的環境，但它不是醫治的過程。發炎的人不只需要時間，還需要抗生素才能消炎。

事實上，逃避不去處理問題，只會給撒但更多機會來阻

礙孩子的成長（以弗所書四27）。時間是必須的，但非增強和修補界線的充分條件，你除了需要給予孩子許多的愛心、恩慈，和真理外，上帝也會加入這個修補的過程。沒有這些，單有時間，事情不會有所改進，只會進一步破壞而已。

第二步：插上插頭，使之通電

確定你和自己之外的人有良好的互援關係──即使只和配偶有這樣的關係。你跟孩子立界線，至終會幫助他情緒及靈性的成長，然而成長絕不會無中生有。作父母是一份很累人，也很有挫折感的工作，甚至會讓你抓狂；單有資訊是不夠的，你需要更多從別人而來的關愛和協助。

許多父母輸了界線的戰役，只因為他們被極力反抗的孩子搞得筋疲力盡。其實，這個孩子因為知道將要失去的是些什麼，以致使出渾身解數來阻礙你，用他的機靈狡黠來讓你覺得你很不公平或很傷害人，以致現實和決心受到強烈的考驗。如果作父母的，既有工作和婚姻的責任，又要單獨應戰的話，一定會放棄而告訴孩子：「你贏了！」但是當你有個既不責備你，又願意與你一同經過磨練，並認同你在做正確事情的人在身旁時，你就能堅持到底了。你現在可能就是處在單獨應戰，或是只有配偶和你並肩作戰的景況。

我們建議你去找尋或開始成立一個會討論界線問題的父母小組、查經班或鄰居小組，在其中交換妙招、祕訣、技術、勝利和失敗，你們可以用《與孩子立界線習作本》（註：目前尚無中譯本）來協助整理學習的經驗。我們教會有個同

齡孩子的父母小組，這個事工的牧師對他自己身爲父親的掙
扎感到軟弱無力，但他用自己的經歷，巧妙地指出孩子不可
能沒有問題，以致那些否認孩子有問題的父母顯得很受挫
折，但其實那才是他們所需要的；正常的父母卻鬆了一口
氣，因爲他們知道自己不是瘋子，而是有希望的人！「謀士
多，人便安居」（箴言十一14）。

第三步：你個人先在界線裡成長

在你開始勸導孩子守界線之前，自己先要身體力行。孩
子對騙人的東西感受力大得令人驚奇，他們生活在這個星球
上還不夠久，還不懂瞞騙自己，眼睛看到什麼就是什麼。他
們知道你什麼時候是僞君子，也知道你告訴他們的事，其實
連你自己都做不到。但是比這些更重要的，是我們每個人無
論如何都需要培養、並且清楚自己對生活的界線。我們認識
許多的父母親，他們把與孩子立界線所引發的衝突和痛心，
當作使自己靈性和情緒成長的機會。只有少數幾件事會比碰
上失控的孩子，更容易讓我們屈膝在主面前，這種挫人傲
氣、令人傷痛、讓人不勝負荷的現實，迫使我們省察自己，
並伸手向上帝支取祂的能源。

這個步驟邀請你做的，不單是你自己立界線，也是關乎
你的生活。你需要努力與主連結，在靈性上、情緒上、美好
的品格上成長；你需要主所擁有的一切來幫助你過日子；你
需要朋友來安慰扶持，幫助你面對自己的軟弱和自私。孩子
如果沒有一直成長的父母在身旁作榜樣，就很難有所成長。

你不要像某些父母那樣,指望教會和學校幫忙把他們的子女變為成熟的人;孩子等著你作榜樣,來教導他們作個有追求、誠實、主動去認識上帝、了解別人的人。「遵守祂的法度,一心尋求祂的人,這人便為有福」(詩篇一一九2),如果你想要把農場經營得好,就要去問那位蓋農場的人如何經營,才是明智。

有些父母開始處理自己的界線問題時,才發現自己是個很難對配偶、老闆,和朋友說「不」的人,也看到了孩子會騎在他們頭上的原因;因此,他們參加支援小組或不錯的教會,開始「鍛鍊肌肉」。之後,他們發現自己更能掌握生活,也不再害怕衝突,或老覺得有罪疚感;他們也突然發現,和孩子之間的關係開始好轉。或許,你可以延伸閱讀我們所出的書《過猶不及》,這本書強調個人的界線,而非特別談論為人父母的問題。

或者,你可能發現自己很難尊重別人的界線,因為你原本是個激烈、攻擊性強、聽不進別人說「不」的人。你要接受自己在這方面的無能為力,努力朝向用「影響人」,而非「控制人」的方式來改進,並且好好去體會耶穌所教導那條同理心的金科玉律:「你們願意人怎樣待你們,你們也要怎樣待人」(馬太福音七12)。

我(約翰‧湯森德博士)有次和一位父親以及他的青少年兒子協談,這個兒子交壞朋友、逃學、吸毒,而這位軍人出身的父親無法理解,為什麼他的管制策略起不了作用。

有一天,他們一起來我的辦公室,男孩披肩的金髮已經

被剪到耳朵上邊，因爲這位父親衝動地把兒子架到理髮店去剪掉了。「我煩透了所有這些心理學的胡言亂語，我決定自己來解決問題，」他跟我說：「你看他現在就不像那些壞孩子了！」男孩顯得又羞又怒。

我跟這位父親說：「你這樣做只會把眞正的問題弄得更糟！」

有好長一段時間，那個男孩惹來更多的麻煩，一直到父親能夠看到他需要停止對孩子的控制，開始讓「自主」和「承受後果」來行事。這位父親必須花很多的努力在自己的界線上，而爲了這樣做，他讓兒子被踢出校門，甚至因爲吸毒被捕而上少年法庭。他支持兒子的感受，但也支持法律所強加的限制，這位父親不再挑剔兒子，而是以定家規、列出合理的後果，來讓孩子遵行。結果，他兒子變得更懂得負責任，不再那麼衝動，在學校和工作上也更有成果。

第四步：評估和做計畫

評估你孩子的情況及你的資源，做出一份計畫來處理問題。

孩子方面

你要根據孩子的情況去了解他界線上的問題。你可以在紙上列出幾個重要的因素：

年齡。雖然大部份的界線問題是普世性的，但幼兒和青少年對生命的看法不一樣。你要留意同年齡孩子一般會有的

問題，但特別注意你的孩子能夠做到的是什麼。這裡的祕訣在於：你要推動孩子越過他覺得舒適的程度，但不要超過他的能力範圍。例如，一歲以下的嬰孩應該得到許多餵養，而不該期待他守什麼界線；一歲以後，應當開始對他爬上家俱和把手指頭插進電插座的行為，用「不可以」這個詞來加以訓練。我們從實際經驗中學到的法則是：孩子年紀愈大，愈能忍受挫折。

　　成熟的程度。孩子的成熟度因人而異，有些六歲的孩子比某些十七歲的孩子還更懂事，你要從以下幾方面來看孩子的成熟度：基本對人的信任感、有能力去結交朋友和保持友誼、對大人的要求有回應、有反抗和反對的能力、能忍受損失、能接受自己和他人的失敗、以正確的態度面對權威等。你可以請教老師、教會的朋友、鄰居、親戚、輔導員等那些認識你孩子的人，對你孩子有何意見。下面兩點是我們認為孩子要能夠成熟，最重要的品格特質，如果他這兩方面都具備，你的工作就會輕省得多；如果在這兩方面有問題，則你在談論特定的界線問題之前，就要先加以處理。

- 連結：孩子在情感上能夠與你相連結嗎？他認為你關心他嗎？還是他和你遠離、保持距離、經常很冷淡？
- 誠實：你的孩子誠實嗎？或是他經常在撒謊、欺騙當中掙扎？

　　生活環境。他的生活環境如何？父母離了婚或是婚姻有問題嗎？他有任何像神經性的問題、學習障礙、注意力不集中等門診上的問題嗎？他和其他兄弟姊妹之間有問題嗎？你

要了解他的環境所帶來的影響。

特定的界線衝突。要把孩子生活中特定的界線問題單獨拿出來處理。他在守家規、做家事、上學校，或交朋友上有問題嗎？你可以簡單地描述問題所在嗎？

嚴重性。判斷問題的嚴重性為何。你可能有個孩子，他最大的問題就是，你要他做什麼事都需要講三遍以上他才會去做，對這樣的孩子你所要採取的解決辦法，當然不同於對那個在學校無法安靜坐下、學校老要打電話找你去談的孩子。你不要一直在小事上打轉，要花時間處理那些牽涉到誠實、負責、專注，和道德的事情上，對孩子的髮型、音樂、房間的整潔等規定，給他多一點自主的空間。

你自己的資源

現在你對孩子界線問題的起因以及嚴重的程度，有了更廣的畫面之後，就要評估你手邊現有的情況，加以處理。請看下面的幾個評量因素：

你自己的問題。就如我們前面所說，最重要的，不在於你做了什麼，而是你在孩子面前是個什麼樣的人，因為他們一直在觀察你是怎樣回應、逃避、哄騙，或忽視他。你要處理自己內在那些會導致不恰當反應的任何破口，甚至把自己看作是讓孩子內化的外在界線。你要不就是解決問題的關鍵人物，要不就是問題的延伸者。

你生活的環境。留心看你生活的現實情況，例如，感情的掙扎、婚姻上的衝突、經濟或工作上的壓力、還有其他的

孩子要照顧等等，如果你處在危機裡頭，要趕快去找幫助。我們看到許多有界線問題的孩子，他們的父母在婚姻上多半極其混亂。重要的事先來，你自己要先有足夠的秩序和架構來站對立場，才能夠把秩序和架構帶給孩子。

　　我在這裡要對單親父母講幾句話。上帝設計讓雙親來做撫育和教養孩子的工作，有幾個原因：

1.祂要孩子受到兩位彼此相愛的人所關愛。

2.父親或母親帶給孩子對方可能沒有的不同成熟面。

3.他們在為人父母上互相制衡，當一方在某些方面實在太過份的時候，可以互相糾正。

　　單親就沒有這種支援和互賴，許多人身兼雙職，負擔極多的責任。此外，單親也有他們自己的問題，與前任配偶的關係、經濟、工作、時間、約會、孤單，及其他的壓力等等。如果你是單親，你不能自己一個人來做所有的事，尤其是花精力在處理孩子的界線問題上。

　　你要主動去尋找協助和資源。許多教會有單親事工，找找看社區裡的鄰居、親戚、朋友之間有沒有人能幫忙你、協助你。你的孩子需要除你之外的人，帶給他影響和特定的功能。例如，教會裡帶領青年團契、與你性別不同、身心健康的成年輔導員們；或是那些會帶你的孩子去看棒球賽和吃晚餐的雙親家庭；或是可以幫助你孩子的家庭作業、個人問題、體能運動、屬靈成長、藝術成就等等的人。

　　我們看過許多單親，因著別人在他／她們生活上給予的關愛和支援，把原本沒有界線可言的孩子，轉到正確的方

向。請記得，從某個角度來說，上帝也是個單親（耶利米書三8），祂被以色列人所離棄，沒有她（配偶）的幫助，單獨地撫養他的家庭。祂了解那樣的掙扎，祂會幫助你。

拒絕界線的配偶。你可能結了婚，但在幫助孩子學習界線的決定上，卻是孤單一人。如果孩子讓父親或母親夾在他與另一個人的衝突中間，那會是很嚴重的問題。

在這種情況下，贊成界線的父親或母親通常被看作是刁難、剝奪的父母；而反對界線的那一方就被看作是善良、令人滿足的父母，孩子會開始在自己心裡把負責任和自己作主放到一邊，經常利用會滿足他的父親或母親來解決他的問題。

如果配偶不支持你定界線，則你在開始認真和孩子執行界線之前，先和他／她討論，如果他／她把這件事當作玩笑，結果讓你要為他／她的不負責任付代價，你就要變換方式，讓他／她來收取後果。

例如，配偶不堅持讓孩子做家事，你不要自己去做，讓配偶去做；如果配偶不認為孩子需要待在家裡和做功課，你就把學校打來的電話交給他／她去接，讓他／她去和老師約談；如果配偶嚴重地排拒界線，你們可能要找尋婚姻上的協助。

在大部份像這樣的案例裡面，配偶的界線問題比他的父母角色更加影響孩子，不要把這看作為人父母的問題，要看作婚姻的問題。

計畫

要設計一份有結構的計畫書，來給你自己看，以及介紹給孩子使用。你可以根據上述已經做的，加上下面所講的幾方面，把它寫下來，這是很重要的步驟，因為有許多父母就是被孩子常用的說詞：「你沒有這麼說」給絆住，寫下來就不會那麼容易被質詢。如果你以前沒有做過這件事，剛開始只處理一個或兩個界線的問題就夠了，請記得，你是在替孩子把現存的規則顛倒過來（但是朝著正確的方向），他起先會以為自己住在另一個星球。

問題。要把孩子的問題用明確的字眼說出來，像成績太差，行為有問題，如：不聽話、偷懶、打架、沒有把事情做完……，或是態度上有問題，如：頂嘴、無禮、攻擊人家、發脾氣、哭鬧不休……。你講問題的時候，不要用像「你是個失敗者和懶惰蟲」這一類的話來攻擊他的人格，讓他不得不為了保護自己而反擊你。

期望。你希望他的學業平均成績不要低過B；在你第一次叫他的時候就要有回應；不要有任何爭執；他可以不同意你，但不准侮辱你等等，要讓這些期望可以衡量。可以衡量的事比不能衡量的事容易改進。

後果。寫出孩子不能符合你期望時會有什麼後果、會失去多少權利、會有多少限制，例如：失去晚上或週末跟朋友在一起的時間、失去看電視或玩電腦的時間等等，你所定的處罰，要盡可能符合他所犯的錯誤。你也要定下正面的後果，讓他符合期望時能夠有成就感，然而，要小心你所給的

正面後果，有些父母著重在強調任何非暴力程度的行為。你總不會想要讓孩子認為，只要他天天刷牙，就會得到餅乾或一部新車吧？若是這樣，當他第一份工作因為準時上班而沒有人開派對慶賀時，他一定會非常的失望。在家裡面設定最低限度的行為要求，而不給予酬賞並沒有什麼不好。

第五步：提出計畫

你和孩子雙方都必須參與這個過程，你讓他參與更多，他得到更多時間、幫助和資訊時，就更有可能為這事負起責任，並為自己的成長和你合作。你要邀請他和你合夥，如果他拒絕，計畫仍然要執行。你在作計畫時要考慮到下列要素：

在平靜的時刻提出這個計畫。在你和孩子相處得很愉快時，選個時間和地點來進行，不要在雙方爭執尖叫聲當中推出你的計畫書來，那只會使事情兩極化。孩子通常會覺得被迫去更強烈地反抗你，和你保持距離。

採取「贊同」而非「反對」的立場。你要讓孩子知道，這個過程不是要強迫他去做某些事，或是因為你在生氣。你要告訴他，你看到他生命裡頭有既會傷害到他又會傷害別人的問題，你因為愛他，所以要處理這個問題，而且你想要和他一起來做這件事。

提出問題。就如我們曾經說的，要明確、詳細地說出問題所在。你要指出這個問題對他和對別人所帶來傷害的結果，例如，「你大吼大叫和跑開的行為是有問題的，這種行

爲不管在家裡或在學校，都會造成分裂，而且是於事無補！」

提出期望。像上面所說，讓孩子參與這個過程，讓他明確地知道你所期望的標準何在。

提出後果。作個深呼吸之後，直接了當地告訴他需要承擔什麼後果，不要怕給他壞消息。你不是在傷害他，而是在幫助他獲得自由！你可以跟他強調，在符合你的期望上，他有絕對的自主權──他可以什麼事都不做，或好像你不存在似地隨心所欲，但關鍵在於，如果他選擇反抗，後果就會成爲眞實。請記得，你無法控制孩子的行爲，但可以控制結果；你要掌握屬於你的那一份，並鼓勵他自由選擇。

在可以妥協的事項上折衷。讓孩子在你所定的期望和後果的變數之間，加入他的意見。你在一些小事上讓步可能是值得的，因爲孩子會覺得比較不會那麼無助，也更能參予決定他的命運。讓他知道，如果他在某段時間之後有所改進，你以後就會做一些調整。當然，不要在那些不可以妥協的事上讓步，例如：吸毒、酗酒、婚前性關係、暴力、成績不及格、曠課等，都不屬於灰色地帶。

也請你記得，成人的規則和孩子的規則不一樣。許多時候孩子會抗議說：「你自己都不去做，爲什麼我要做？」這種情形發生在許多情境下，包括上床睡覺時間、用錢的方法、空閒時間的利用等等。你如果眞的在某些方面違反規定，的確需要足夠謙卑地認錯，然後改變行爲。

然而，現實是，成人是比小孩有更多的自由，因爲成人更懂得負責任（希望如此），而負責任帶來自主權。你要跟孩

子談到這一點，把它做爲接受界線的獎勵，讓「成長」有它的酬賞。

讓期望和後果容易做到。記在筆記本上、寫在佈告板上，或貼在冰箱的門上，都是提醒孩子期望和後果的好方法。在你們有明顯的意見相左時，可能需要常常把它拿出來參照。

第六步：要貫徹始終

最後一步比所有其他的步驟更困難，也更爲重要，如果你自己不親自成爲孩子的界線，整個的計畫就會全盤瓦解。一切端視你是否說到做到，換句話說，前往無界線之地獄的道路，是由「好意」鋪設的，下面有一些事你需要加以處理：

預期孩子會有的懷疑和試驗。你現在是用一個新的方法來讓孩子體驗新的世界，而在這個世界裡面，他的行爲和痛苦，都與他個人息息相關。他不再是面對嘮叨或憤怒的父／母親讓他注意、忽視，或是哄騙，而是要面對一個站在他背後，讓他爲自己未來的生活，自由地作痛苦或愉快選擇的大人。對他而言，這是個很大的調整。

你拿出這個計畫時，雖然孩子可能會和你爭論半天，但這通常不是眞正的試驗。在這個階段，他可能只是把你所提出來的東西當作是嘮叨而充耳不聞。然而，在他違反界線而你執行後果之後，你就會看到他的抗拒。你可以預期震驚、不信、生氣的反應，以及受傷、痛苦、隔離、責怪的表現；

他會試圖挑動你們夫妻之間的對立，甚至逐漸擴大他的惡行。他在巨大的掙扎之中，要把現實逐漸融入心裡，而且，即使他讓你很難堪，他也並不快樂，因為在他心裡的爭戰，遠比他和你的爭戰來得激烈。你要憐憫他的掙扎，因為他正如聖經上所描述的，如同羊沒有牧人一般，迷失在自己的不成熟裡（參考馬可福音六34）。

我們不能不再三強調，在這個緊要關頭，堅持去執行後果是多麼重要的事。你可能會覺得內疚、不舒服，有虐待感、被恨惡、被孤立、不勝負荷、不被人愛，但是千萬要守住你所立的界線！你要禱告、打電話給朋友尋求支援，或做任何可做的事堅持到底。請記得，這正是上帝每次在為我們的益處而施予管教時所經歷的感受，我們向祂提出抗議，恨祂、哭鬧、揮動拳頭、譴責祂的不公平；然而祂是那樣地愛我們，沒有讓我們進一步為所欲為地摧毀自己。你所設立的後果，是你和上帝以愛來撫養和訓練孩子的共同努力。

在這個時刻，回想你自己的生命歷程可能會有幫助。你可以反省自己生命中那些因缺乏架構以及未去承擔後果，以致今日要付的代價；也回想那些被過分控制，沒有能力去作選擇，以致無法在生活中作決定的那些事。你要從所學到的艱難功課中，讓孩子知道負責任地面對現實的好處，不要過分保護他免受現實之苦。

要有耐心容許孩子一再地試驗。你的孩子正處在一個學習的曲線，而學習乃是經過許多的試驗。你要預期他不僅違反界線，也會多次抗拒那些所要承擔的後果；你要對自己有

耐心，如果立界線對你是件新事，你可能會無法每次都貫徹到底。聖經中希伯來書五章14節說：「惟獨長大成人的，才能喫乾糧，他們心竅習練得通達，就能分辨好歹了。」盡你所能有始有終地持續下去，並且貫徹到底。如果你發現自己做不到，要向那些成熟的朋友尋求幫助，他們可能可以和你一起探究問題是否由於資源、能力、性格，或不切實際的期望所致，然後你就可以做調整。

讚美孩子的調適。如果過程正確運行的話，你會開始看到較少的壞行為，和隨之而來更多的好行為。當孩子體會到自己的有限和脆弱時，可能會很難過；你要給予他溫暖，肯定他的努力。他雖然一直在抱怨，但也非常努力地在整合這些界線，讓自己來順應你的期望。不要把重點放在你對他的愛，因為那應該是持續不變的事情，要把焦點更多放在幫助他如何在不需要承擔後果之下，讓自己的日子過得更好，也讓周遭的人過得更快樂。幫助他看到這是為了他的益處，而不是為了要得到你的愛。你要和支援小組一起為他開個「界線成功」慶祝會。

調整及改變。你覺得孩子已經能夠控制自己的行為，也更能夠為自己作主時，可能想要增加期望、著重另外的問題。然而，你不應該讓孩子覺得，你們之間全部的關係只是有關界線的問題，要確定裡頭也有關愛、樂趣和自由時間。但他也確實需要知道，成長的功課一輩子都要學習，才有可能「行事為人對得起主，凡事蒙祂喜悅，在一切善事上結果子、漸漸地多知道上帝」（歌羅西書一10）。你和他都需要經

常參與在那樣的過程裡面。

我是否為時已晚？

　　作父母的常問我們有關施行界線的重要問題，例如：「我們現在開始會不會太晚？」那些為自己的青少年或成年孩子嚴重的問題行為而掙扎的父母，可能會自暴自棄或氣餒。請容我們說，開始為自己或孩子做對的事情，永遠不嫌太遲。你對負責任的事更真實明確、採取更主動的態度去解決問題、把更多的架構帶到家裡等等，都是你自己屬靈成長和性格成長的重要部份，是生活在上帝光中的人該有的生活。即使你的孩子沒有界線問題，你仍然需要朝向公義去生活，因為「上帝在義人的族類中」（詩篇十四5）。

　　同時，愈小的孩子愈容易把建立界線當成他行事為人的標準，正如聖經所說，幼年是接受教導的最好階段，「教導孩童，使他走當行的道路，就是到老他也不偏離」（箴言廿二6）。孩子生活在「自以為是上帝」的錯覺中愈久，就愈會抗拒必須放棄活在這種快樂地位的想法。

　　然而，孩子就是孩子，即使他已經是青少年。「孩子」的意思就是，他不是成人、是個還沒有具備必須的技巧和工具來操縱真實生活的人；這也意味著不論他們說什麼，他們都是既不完美又未經過琢磨，而且會在生活中失敗的人。除了上帝已經把他設定為由你來作他成長的代理人之外！那個聰明、冷漠的孩子需要你！

　　孩子內在的某些部份需要你的參與，在他所有的抗拒裡

面，你要以父母的角色來負責照管。他通常會被自己失控的情緒和行為嚇到，希望某個比他更大的人來幫忙包容和架構他的存在。處理孩子的抗拒和違抗是為人父母的基本責任，在某種程度上，孩子是明白這一點的。

想想我下面所說的這個議題，來做為你的參考。如果你有個問題非常嚴重的青少年，你需要靠更多資源來處理這種情況。你可能需要更多時間、精力、金錢，以及像學校、教會、協談服務，和法院的制度等機構來幫助你。七歲孩子的父母可能花較少的努力，而一個已經行為偏差的青少年，可能需要花上經年累月的時間，和更多精力來處理這些問題。

你可能必須在未完成的結果當中停頓下來。例如，有個行為有問題的十六歲孩子，雖然他可能一輩子都進不了哈佛大學，卻可能從你得到某些非常重要的經驗，幫助他度過孩提時代的最後兩年；他也可能得到如何管理自己的生活和處理問題的看法，幫助他的成人生涯。

有許多青少年，他們的父母很晚才介入他的生活，以致他到成人時期方須自己去尋找成長和幫助。你生活在溫室的時候，受到免於承擔生活中各種後果的保護，那時候你認為最大的問題，就是那個不肯提供你線索的父母。但是當你開始必須付房租、買食物、擔心懷孕……時，就可能用不同的眼光來看待生命。到最後幾年，許多青少年才對抓狂的父母對他們所做的事認真起來，開始把界線做為生活的一部份。

不要放棄孩子，即使在青少年期的最後年日，你也要把握機會，「因為現今的世代邪惡」（以弗所書五16）。你是孩

子唯一的父親或母親，世界上沒有別人在他們心目中有你那樣的影響地位。

你有希望

「爲人父母」和「問題」這兩個字眼，有時候看來似乎很多餘，你可能只想簡單地避免孩子的問題，或者，你有個讓你心碎的爲難景況。然而上帝已經預期它的存在，祂完全知道，也願意幫助你來協助孩子培養界線。祂爲你和孩子的未來提供眞實而有助益的盼望，這個盼望來自下列幾方面：

上帝自己

身爲你孩子的天父，上帝親切地關心你的孩子能夠成熟地變成有愛心、負責任、有自制力的人。上帝要在那個過程中幫助你作祂的代理人。你可以把需要和懇求帶到祂面前，尋求祂所提供給你的指引和資源，「我藉著祢衝入敵軍，藉著我的上帝，必照明我的黑暗」（詩篇十八29）。

祂的法則

上帝在祂的話語裡面提供法則和律例，列出祂子民如何培養成熟度的過程。這本書是根據上帝許多眞實的話語而寫的，你可以參考本書和其他的資源，

但更重要的，是閱讀研究祂的話，來做爲你的人生以及爲人父母的架構，「求祢記念向祢僕人所應許的話，叫我有盼望」（詩篇一一九49）。

祂的真實

　　由於上帝按著祂的本性設計這個世界，我們若照祂的方法行事，生活就會好過；我們關心、負責，並與祂調和時，就會有更好的生活前景。現實就在你身邊，它的設定就是：不成熟就會導致苦惱；懂得作主就會帶來滿足和充實。你要容許孩子從經驗兩方面的現實，來學會界線，因為「殷勤人的手必掌權，懶惰的人必服苦」（箴言十二24）。

祂的百姓

　　讓可信賴的人幫助你協助孩子。你要讓他們來服事你和孩子，讓他們以愛心、架構、支援、指引來補足你們，因為「全身都靠祂聯絡得合式，百節各按各職，照著各體的功用，彼此相助，便叫身體漸漸增長，在愛中建立自己」（以弗所書四16）。

你的孩子

　　不論你相信與否，你的孩子也是這個成長和負責任之盼望的代理人。上帝創造他時，也設計了一個需要，讓他以歸順祂來學習為自己的生活負責任，孩子可能沒有留意到那個需要，但是你會留意到。

　　請記得，你是在幫助孩子發展那個已經在他裡面，等著被增強的上帝形像，因為「上帝照著自己的形像造人，乃是照祂的形像造男造女」（創世記一27）。

　　你走在上帝要你走的道路時，要用這些有盼望的資源做

為幫助、安慰、和工具，來訓練孩子做同樣的事。

再一次感謝你每天在為人父母上所做的犧牲，願上帝祝福你。

有關書籍、資源或演講的預約，請聯繫：

Cloud-Townsend Resources

3176 Pullman Avenue, Suite 104

Costa Mesa, CA 92626

Phone: 1-800-676-HOPE（4673）

Web: www.cloudtownsend.com

台福傳播中心

Evangelical Formosan Church Communication Center

1991年設立於美國洛杉磯的Highland Park
1993年遷移至美國洛杉磯的柔似蜜市（Rosemead）
1996年遷移至美國洛杉磯的艾爾馬地市(El Monte)

台福傳播中心是一個華人基督教非營利機構，
藉著出版圖書和福音雜誌，
以傳遞福音使命，
並匯聚眾教會之力量來協助各地華人教會，
及關心普世華人的信仰與生活。

我們的異象

結合信徒力量、關心普世華人

我們的宗旨

善用媒體科技、傳揚基督福音

我們的目標

在信仰中檢視生活，在生活中履行信仰
在神與人、人與人之間
搭起溝通的橋樑

生活系列

作　　者　亨利·克勞德博士及約翰·湯森德博士

譯　　者　吳蘇心美

出　　版　台福傳播中心

9386 Telstar Ave.

El Monte, CA 91731, U.S.A.

電話：(626)307- 0030　　傳真：(626)307- 5557

E-mail：efccc @ efccc .org

訂購專線：(800)888-7796

亞洲總代理　道聲出版社/台北 02- 2393-8583

二〇〇二年五月初版

二〇〇五年五月初版四刷

© 2002·版權所有·請勿翻印

Life Series　**Boundaries with Kids**

Authors　Henry Cloud & John Townsend

Translator　Esther Wu

Publisher　Evangelical Formosan Church-Communication Center

9386 Telstar Ave.

El Monte, CA 91731, U.S.A

TEL:(626)307-0030　　FAX:(626)307-5557

E-mail：efccc @ efccc .org

Order line :(800)888-7796

First Chinese Edition　May, 2002

3nd Printing　Print March, 2004

Originally published in the U.S.A. under the title:

Boundaries with Kids,　Copyright © 1998 by Henry Cloud

and John Townsend Grand Rapids, Michigan 49530

Chinese Edition Copyright © Evangelical Formosan Churc

Communication Center

Printed in Taiwan, R.O.C. 2002

All Rights Reserved

ISBN　1-885216-36-x